HAÏTI CHÉRIE
1979 - 1980

COMO APROVECHARSE DE UN PAÍS ARRUINADO

José Vicente Domínguez Martínez

megustaescribir

Título original: HAÏTI CHÉRIE 1979 - 1980

Primera edición: Agosto 2015

© 2015, José Vicente Domínguez Martínez
© 2015, megustaescribir
Ctra. Nacional II, Km 599,7. 08780 Pallejà (Barcelona) España

| ISBN: | Tapa Blanda | 978-8-4911-2079-7 |
| | Libro Electrónico | 978-8-4911-2080-3 |

Haitianos: Libres por dentro, esclavos por
fuera

El autor

*Cuando los dioses quieren destruir a un
hombre, primero lo enloquecen.*

Eurípides

Aserto a modo de prólogo

A lo largo de mis viajes por el mundo, he podido constatar un hecho que no es casual: cuanto más pobre es un país, más proliferan los casos de corrupción. Es como si, en medio de la miseria, cualquier medida fuese buena para escapar de ella. La vida miserable no incita a la honestidad. En tales situaciones, hasta los honrados ven a los corruptos como inteligentes hombres de negocios. Y puesto que la corrupción no está al alcance de los pobres, la única virtud que pueden mantener los humildes es la de su propia dignidad y no es poco.

Como terapia para no caer en la condena absoluta de ciertos seres humanos y sus crueles actuaciones y comportamientos, en el país en donde transcurren las vivencias que más adelante les relato, he tenido que apoyarme en el aserto anterior, aunque no comparta ni justifique los abusos ni los medios utilizados por los corruptos quienes, creyéndose dioses infalibles aupados por una interesada adulación, el poder y el dinero acaban por enloquecerles. En su locura, además de agrandar cruelmente las diferencias sociales, haciendo sufrir a los más débiles y necesitados, no les frena nada más que su propia muerte.

Introducción

Lo que van a leer a continuación, no es novela y menos fábula; es la narración de unos hechos, tal como yo los he vivido durante el tiempo en que desempeñé el cargo de director general de una empresa mixta, entre una sociedad española y el gobierno de Haití. Las opiniones personales, son una consecuencia directa de los hechos y sus circunstancias; y, como tales opiniones, tal vez sea lo único que se aparta de la narración fidedigna de esta historia.

En la experiencia vivida en Haití, todo surge de manera natural, sin que en el relato exista apriorismo alguno. Créanme. De hecho, aparecí en Haití desconociendo todo lo concerniente a ese hermoso país, excepto su ubicación en el mapa.

Pero antes, para que conozcan algo acerca de quien les habla, permítanme que les cuente algunos aspectos de mi vida profesional.

I

Una tarde del mes de enero, mientras navegábamos por el Golfo de Guinea, a dos días del puerto civilizado más cercano, uno de los tripulantes, un hombre de 34 años, con un proceso febril al parecer debido a una gripe mal curada, falleció en mis manos. A pesar de que la ley exigía que hubiese médico cuando la tripulación pasaba de cincuenta personas, debido a triquiñuelas legales de la mayoría de las empresas navieras, a bordo no lo había para atender a más de 78 tripulantes. Yo era el más joven de toda la tripulación y era el capitán de aquel factoría pesquero. Me había dejado crecer la barba para disimular unos rasgos faciales que se me antojaban demasiado suaves para tan difícil cometido... Recuerdo que al leer unas tradicionales plegarias antes de introducir el cadáver en uno de los túneles de congelación, yo era de los pocos a los que no le acudían las lágrimas. No era mi turno para llorar. Aquel dramático hecho, hizo que tomase una decisión que cambiaría mi vida. Aquella sería mi última campaña a bordo de un buque factoría.

En Namibia, Argentina, Terranova o en cualquiera de los muchos caladeros de pesca que existen en todos los océanos, los tripulantes de grandes buques-factoría pesqueros solíamos estar de cuatro a seis meses embarcados, con cortos periodos de dos o tres días en puerto para repostar o transbordar la pesca. Durante todo ese tiempo, convivíamos setenta u ochenta personas en un reducido espacio, en condiciones de trabajo increíblemente duras sobre todo para los marineros. Eran jornadas de 17 y 18 horas diarias y así durante los 120 ó 180 días que, en función de las capturas, duraba cada campaña.

Mientras estábamos en la mar, los únicos días de descanso eran motivados por rutas en busca de nuevos caladeros de merluza o por mal tiempo. Y estos asuetos eran los menos deseados, pues ello significaba que no habría capturas y tampoco beneficios por porcentaje sobre la pesca.

Yo, como capitán de uno de esos buques, además de estar sujeto como todos al aislamiento de la sociedad común y a las dificultades de la convivencia en un medio hostil, era el responsable del éxito económico de la empresa que los navieros ponían en mis manos.

No era difícil perder la noción del tiempo. En una ocasión, en los caladeros de Namibia, estuvimos cuatro meses y dos días ¡sin ver tierra!; posiblemente un record difícil de superar. Y a pesar de mis pocos años, el agotamiento mental estaba haciendo mella en mi salud. Necesitaba cambiar de actividad. No me veía en la piel de aquellos ¿viejos? capitanes desarraigados de su vida familiar y tal vez de su propia vida. Algunos conocí que estorbaban a los suyos durante sus breves vacaciones. Y algunos de estos solían darse a la bebida hasta el límite de su dignidad y de la seguridad de la tripulación.

Mi objetivo era encontrar un buen trabajo en tierra, ligado a mi profesión. Yo soñaba con ello, aunque fuese sin ganar tanto dinero como entonces ganábamos los capitanes de los grandes buques factoría. Por encima del cariño a la profesión, a la satisfacción de la navegación y al dinero, estaba la vida personal.

Mi anhelo no era consecuencia de falta de éxito profesional o de incentivos. En lo profesional podía sentirme satisfecho. Puedo decir con orgullo que los barcos que mandaba eran de los que mayores capturas lograban. Por ello, en mi empresa armadora podía elegir el buque que más me gustase en función de cada pesquería.

¿Tal vez inconformismo? Es posible que pueda definirme como inconformista. De ser así, me gustaría encuadrarme en el llamado inconformismo positivo, pero no alcanzo a ver la diferencia cuando estoy hablando de mí mismo y era yo quien no se encontraba a gusto con la situación en la que vivía, si pensaba que así tendría que ser en el futuro.

Es verdad que siempre sentí que mí vida tendría otro destino y que podría aspirar a desempeñar otras responsabilidades más cerca de los míos. Sin embargo, tal ocasión aún no había llegado y yo me encontraba de nuevo al mando del mayor buque-factoría pesquero jamás existente en España, pasando el amargo trago de haber perdido un hombre de manera estúpida, mientras nos acercábamos a las costas de Namibia.

¡Ah, Namibia y su apartheid! ¡Cuánto hemos hecho dentro de lo poco que podíamos hacer en pro de los derechos de aquellas esclavizadas personas! En pocos lugares he visto tratar de forma tan inhumana a los negros. A veces eran los mulatos, personas también marginadas, quienes les pegaban y humillaban, pero los responsables eran los blancos: los capataces y amos blancos eran quienes directa o indirectamente les golpeaban.

-¿Sabes cómo se conoce que hay un negro aplastado en el asfalto?... ¡Por los dientes! – me soltó la "gracia" un español

3

afincado en Walvis Bay, contagiado por el ambiente o nacido con un gen racista, como si él hubiera sido un mal bóer de toda la vida.

Aquellos chistes vomitivos que escuchábamos con asquerosa y vergonzante cortesía de boca de los mandamases blancos de Namibia o de Sudáfrica, hacían renacer aún más mi reconocimiento y mi respeto hacia la raza negra.

Muchos de nosotros, más de una vez, hemos recriminado la conducta de aquellas bestias racistas, que demostraban su inferioridad ante la raza negra, haciendo uso del cerebro que llevaban en sus babas y en la punta de sus látigos.

Pero tan solo a bordo de nuestros barcos podíamos actuar y, aun así, con riesgo de ser denunciados por injerencia en sus asuntos.

Creo que la humana conducta de la mayoría de nosotros, compensaba la sobrepesca de merluza y otras especies que, sin escrúpulos, llevábamos a cabo en sus caladeros.

Pero no es de Namibia de lo que quería hablarles, sino de Haití; otro lugar igualmente cálido, a miles de millas náuticas de distancia, a donde transportaron cientos de miles de personas de raza negra en contra de su voluntad. Y fue por mor de mi profesión que la vida me deparó unas vivencias en Haití que, tantos años después, aún perdura la honda muesca producida por la pesada mochila de mi paso por la isla caribeña.

¡Quién me iba a decir entonces que sería en esa isla, en la que la raza negra significaba el 99% de la población, en donde pasaría los quince meses más intensos de mi vida! En un país en donde la esclavitud, abolida por las leyes, era práctica común por la increíble diferencia social.

II

Y siguiendo con mi vida profesional, todo empezó, o más bien todo cambió, allá por el mes de noviembre de 1978, mientras disfrutaba de unas merecidas vacaciones con mi familia y mis amigos en un lugar que por discreción llamaré Benencia, aunque quien me lee sabe que se trata de un incomparable pueblo de la Ría de Arousa, en la provincia de A Coruña, de mi España natal. Sucedió que después de ver un anuncio en la prensa en el que solicitaban un gerente para una flota pesquera, envié mi currículo a la empresa del anuncio justo antes de que mi barco, una vez más, se hiciera a la mar con destino a Namibia, para la pesca de merluza.

Ya me había olvidado de mi solicitud cuando, después de dos meses en la mar, al entrar en Ciudad del Cabo para hacer combustible y reponer víveres frescos, mi esposa me informa de que la empresa CIEISA, responsable del anuncio por el que se solicitaba "Director Gerente para flota pesquera", desea que me ponga en contacto con ellos, pues había sido elegido para el cargo. Así lo hago y no tardamos en llegar a un acuerdo. Las circunstancias vividas por la pérdida de aquel hombre pocos meses atrás, ayudaron aún más a inclinar fácilmente la balanza de mi decisión.

En la siguiente entrada a puerto (ahora sería en Walvis Bay), vendría otro capitán a sustituirme.

Aunque me sentía enormemente satisfecho y dejaba que mi ego pensase orgullosamente en los méritos que yo debía tener para resultar elegido para ese cometido, la despedida de mi tripulación no resultó fácil. A pesar de mi juventud, con la mayoría de los oficiales y tripulantes llevaba navegando algunos años. Todavía conservo la foto de despedida con toda mi tripulación. El contramaestre, el señor José, vecino de una aldea de Noia, de la provincia de A Coruña, próximo a su jubilación, me deseaba lo mejor en mi nueva etapa; aunque en el fondo pensase que era él quien debería dejar la actividad pesquera antes que yo. Y así debería haber sido, pues el señor José pasaba de los 60 años, mientras yo pronto cumpliría tan solo treinta y tres.

-Ya ve, usted se va y yo aún no me jubilé… Y ¿a dónde va, si se puede saber?

-Todavía no lo sé. De momento estaré en Madrid. Luego ya me dirán. Tengo que hacerme cargo de la gestión de una flota pesquera de ocho barcos. Son barcos pequeños, bueno, no son tan grandes como este… Son camaroneros congeladores.

-Que tenga mucha suerte capitán. Y mucha paciencia… aún es usted muy joven para enfermar… Y no tome coca cola…

El bueno del señor José, todavía recordaba un problema de salud que yo había padecido por una ingesta excesiva de una bebida con sabor a Coca-Cola, elaborada o comercializada en Egipto con el nombre de Jely-Cola. Nos habíamos aprovisionado en Port-Said, durante una campaña en el Golfo Pérsico, patrocinada por el gobierno de Irán, en tiempos del gobierno del Sha, Mohamma Reza Pavlevi. Por ese cariño y por toda la ayuda recibida de aquel buen contramaestre, ¿qué digo?, el mejor que nunca he conocido, yo le había prometido que estaríamos juntos hasta su próxima jubilación. Afortunadamente, tres meses más tarde, al finalizar aquella campaña, supe que el señor José también se había desembarcado para disfrutar de su merecido jubileo.

La navegación y la convivencia a bordo, son circunstancias que imprimen carácter. Mi inquietud, mi familia y las ansias de cambio, lograron que fuese capaz de desprenderme del orgulloso hábito que implica el mando de un buque y más en una persona joven como lo era yo.

Aquello que aprendemos en las escuelas oficiales de náutica acerca de la responsabilidad y privilegio de ser capitán de un buque, nos llena de orgullo y responsabilidad. Permítanme decir que el hecho de haber mandado un buque, hace que las personas maduren más pronto, bajo el peso de la responsabilidad. Por ello, desde la más remota antigüedad, existía un general reconocimiento para con los capitanes de barco. En Roma se le denominaba "Magister navis"; en el Libro del Consulado del Mar, era "Senyor de la Nau"; los ingleses le denominan "Master under God" y los franceses usan el parecido término "Maitre apres Dieu du navire". No es menos importante la palabra que usamos en España: Capitán; pues viene derivada del latín "Caput, Capitis" y, como tal cabeza, se deriva el carácter preeminente que se le otorga a su figura.

Por todo ello y por el apego y cariño que sentía por mi tripulación, después de interminables meses de convivencia, no pude evitar que los ojos se me humedecieran al despedirme de ellos en el puerto de Walvis-Bay. Alguien de tierra nos hizo la fotografía a bordo. Allí estaba yo con todos aquellos "lobos de mar". Y a pesar del brillante y caliente sol de justicia del invierno austral, a las puertas del seco desierto de Namib, fijándose bien, a través de la preceptiva sonrisa, se me nota un brillo en los ojos aunque a mí me guste decir que es un defecto de la foto…

Y así es como empezó una nueva, impensable e inolvidable experiencia profesional en un país extranjero. No era el objetivo ideal, pues también significaba una separación momentánea de mí familia hasta que la residencia en dicho país pudiera consolidarse. Pero por algo había que empezar; y los trabajos de calidad en tierra, no es que estuvieran esperando por un capitán de 33 años, sin otros conocimientos que los propios de su carrera y catorce años de navegación en toda clase de buques, incluyendo la experiencia pesquera de seis años comandando buques factoría.

III

Mi forma de vida no tardó en cambiar radicalmente. De la dureza de las largas jornadas de estancia a bordo, pasé a mi despacho en Madrid, en las lujosas oficinas de CIEISA en la calle Alcalá 30-32. De mis jerséis y anoraks todo uso de a bordo, pasé al traje y corbata. De mis horas de sueño siempre interrumpidas por comunicaciones, maniobras, temporales y cualesquiera otras obligaciones del mando, pasé a dormir de un tirón, aunque a veces me sobresaltaba, tal vez por echar en falta que la cama se moviese.

Todo lo que no sabía acerca de la gestión empresarial, me lo enseñaron en seis meses. Soñaba con las proyecciones de Cash-Flow, con las cuentas de explotación previsional, con la interpretación de los balances, con las normas bancarias y con los reglamentos de importación y exportación. Dos personas: un abogado experto en comercio exterior y una economista, se encargaron de que saliese de allí convertido en un competente Director General, seguro de sus conocimientos. Al menos eso me dijeron ellos y a mí ego le resultó muy fácil de aceptar.

Durante mi estancia en Madrid, algún que otro director del gobierno y algún que otro Senador o Diputado por alguna de las cuatro provincias gallegas, eran habituales en mi despacho y, más de una noche, nos tomábamos juntos un par de whiskies. Unos usaban mi oficina para poder enviar los entonces modernos fax y otros buscaban mi intermediación para que los señores Barreiros, dueños de CIEISA (una de las más fuertes compañías de importación y exportación de la España de entonces) y otras empresas, les ayudasen en ciertas gestiones o que invirtiesen en reales o supuestos negocios que ellos decían tener en mano. Tener la influencia de la empresa Barreiros Hermanos, empresa matriz del grupo, cotizaba al alza entre la clase dirigente española. Yo me creía o me hacían creer que estaba en la cresta de la ola, cuando la verdad es que empezaba a estar inmerso en su vaguada, recibiendo el oxígeno justo que, quienes dirigían el cotarro, tenían a bien facilitarme. Ahí empecé a descubrir lo fácil que les resulta a la mayoría de las personas, aceptar las adulaciones como méritos propios.

Todos los elementos de aquel holding empresarial estaban perfectamente hilvanados para que cada cual se creyese el rey del mambo:

-Los Directores Generales y similares no podéis viajar en clase turista… Imagínate que en el mismo vuelo va un Director General del Grupo o uno de los señores Barreiros y necesita comunicarse contigo… No, no puede ser. Y para el pago del kilometraje, vuestro automóvil tiene que ser del nivel Dodge Dart o equivalente.

-De acuerdo, de acuerdo, si tiene que ser así…

-Claro hombre. Y los gastos a justificar como dietas, deben tener "el nivel" que corresponde a un "director general", para que puedan ser contabilizados.

-De acuerdo, de acuerdo…

Y así estuve durante seis meses a cuerpo de rey, viviendo en el agradable Hotel Arosa de Madrid y desplazándome de norte a sur de España, siempre en primera clase, inspeccionando los barcos que pronto estarían bajo mi responsabilidad. Cada fin de semana viajaba a Santiago de Compostela para regresar a Madrid el lunes a las siete y veinte de la mañana, con todos los gastos pagados. Era parte del contrato mientras mi base de operaciones estaba en Madrid.

En el aeropuerto de Lavacolla, de Santiago de Compostela, solía coincidir con el ministro Don Pío Cabanillas quien, por supuesto, también tenía sus viajes pagados:

- Buenos días don Pío. Hace una buena mañana...

- Buenos días Domínguez. Según como se mire ¿no cree?, la lluvia también es necesaria...

- Pues tiene usted razón...

Y así, con estas banales y, por su parte, socarronas conversaciones de cada lunes por la mañana y a veces viernes por la tarde, ocupábamos nuestros asientos en la cutre pero diferente clase C.

Don Pío era mucho don Pío. Aquel personaje capaz de sintetizar en una frase la supervivencia de un político profesional español: "Ganaremos, señorita. No sé quiénes, pero ganaremos", no paró hasta saber cuál era mi trabajo qué, no siendo político, me permitía viajar los fines de semana a Madrid en primera. A partir de entonces, nuestras conversaciones eran un poco más largas de lo que el tema tiempo daba de sí y dieron pie a que compartiese alguna pequeña confidencia que no viene al caso.

Como les decía, la razón de este libro es la de contarles como era Haití en los años 1979 – 1980.

IV

Después de recibir el pertinente poder notarial de don Blas Piñar, Notario de Madrid, ferviente defensor del franquismo y del catolicismo político, y a la sazón diputado por la ultraderechista coalición Unión Nacional, me dediqué a inspeccionar los barcos que pertenecerían a la flota de la que yo pasaba a ser Director General, ocupándome de supervisar los respetos y pertrechos y ayudar en la búsqueda de tripulaciones competentes, cosa con la que no siempre se acierta. Había llegado el momento de desplazarme a mi nuevo destino. Excusado es decir que me encontraba absolutamente orgulloso de mi cargo y, reconozco que aprovechaba la menor ocasión para hacer uso de las lujosas tarjetas impresas en bonita tipografía, mostrando en relieve esmaltado mi cargo de Directeur General de la empresa SPIDHA, perteneciendo las dos últimas letras del acrónimo a mi país de destino: Haití.

-Buenos días. Vengo a decirle que llegó la hora de que me ocupe de la explotación pesquera… ¿Tiene algo qué recomendarme? – después de recibir la venia de su secretaria para poder ver al jefe, me estaba dirigiendo a don Valeriano Barreiros, máximo responsable de la empresa que, para unas cosas era CIEISA y para otras Barreiros Hermanos.

Y el veterano jefe de aquella saga de los Barreiros con sus oficinas centrales en Madrid (y que, al parecer, nada tenía que ver con la actividad de su hermano don Eduardo, ocupado en rehacer camiones en Cuba), como si estuviera sorprendido por mí marcha, con una sonrisa, me dijo:

-Pero ¿ya se va?...Vaya, tenía una misión para usted… Necesitaba que hiciese una prospección sobre la posibilidad de invertir en negocios relacionados con almejas y otros moluscos en Chile…

Cuando el jefe dice que necesita algo, normalmente quiere decir hágalo. Y así es como interpreté sus palabras.

-Usted dirá don Valeriano.

A continuación, cogió un sobre de su mesa, se levantó y me lo entregó mientras me decía:

- Dado que los barcos aún tardarán en llegar a su destino, me gustaría que se tomase usted el tiempo que pueda para hacer una prospección en el sur de Chile. Confío en su profesionalidad señor Domínguez. Y, por favor, cuide esta carta y entréguesela a un buen amigo mío en Santiago. El teléfono y la dirección van en el sobre…

Seguidamente, me tendió su mano y siguió a lo suyo antes de que yo saliese de su enorme despacho. Como es lógico, salí de allí muy complacido por la confianza y reconocimiento que me demostraba el jefe supremo, aunque me di cuenta que estaba al tanto de cada movimiento de su empresa y también de mi inmediato destino, pues la carta que me entregó ya estaba escrita y en sobre cerrado. Pero eso no tenía la menor importancia. Lo verdaderamente importante era que me había elegido a mí para una prospección de negocios en un país como Chile, del que yo guardaba gratos recuerdos.

Y, como no, a cumplir las órdenes del jefe. Salí de estampida para Santiago de Compostela, para rehacer mi equipaje con ropas de abrigo que sin duda necesitaría en el otro Santiago austral y más en el sur de Chile, regresando a Madrid de nuevo un lunes a las 7:20 de la mañana.

-Buenos días don Pío. Ayer buen día y hoy ya ve…

-Buenos días Domínguez. Es lo bueno que tiene nuestra tierra ¿no cree?

-Pues sí, tiene razón. A ver qué tiempo me encuentro en Santiago de Chile…

-¡Vaya! Buena tierra. Y ahora no es mejor ni peor…

- Pues eso espero – dije yo poco convencido de haber interpretado debidamente las palabras de don Pío, a la sazón ministro de Cultura y Bienestar del gobierno de la UCD, sin olvidar que antes había sido Ministro de Turismo con el dictador Francisco Franco.

En nuestros respectivos asientos de la distinguida pero cutre clase C, don Pío revisaba sus documentos, mientras yo empezaba a pensar en mi viaje y en los objetivos a cumplir.

También pensaba con agrado en la sorpresa que le daría al padre José Fernández, un paisano de mi pueblo que vivía en Puerto Montt. Siempre hay un gallego en cualquier parte. Sus familiares me dieron un sobre con dinero e instrucciones para que su pariente regresase cuanto antes a Galicia, pues tenían conocimiento de que no se encontraba muy bien de salud.

-Dale esos mil dólares (un dólar USA de entonces, equivalía a 64 pesetas), y trata de convencerle de que se venga cuanto antes.

Este pobre hermano mío no tiene salud para atender a tanta gente...

-No te preocupes. Yo le entregaré el dinero y a ver qué puedo hacer...

V

Ya les había dicho que no es de Chile de lo que versará este relato; pero permítanme que, para no perder la noción cronológica de los hechos, les narre brevemente mis impresiones sobre el formidable país andino al que fui comisionado previo a mi futuro destino en Haití. Y sobre todo, a través del resultado final de este viaje, podrán ver la calidad de las personas que dirigían la empresa matriz de la que SPIDHA formaba parte.

Sin duda que mi viaje a Chile, después de nueve años de haber estado allí la primera vez, fue una nueva experiencia. Nada más llegar al aeropuerto, me di cuenta de la diferencia que había entre aquel país y el que yo había conocido en los años 1970 y 71. Es posible que Chile fuese más próspero que en aquel entonces, cuando don Salvador Allende se hizo cargo del poder después de ganar las elecciones. Pero daba la sensación de que faltaba algo que no se consigue con dinero: libertad. Y yo, con multitud de defectos, era amante de la libertad. El aeropuerto estaba lleno de militares. Los controles y la vigilancia eran desmesurados. Los taxistas se abstenían de hacer comentarios.

-Al hotel Sheraton, por favor.

-Al momento señor.

Y a continuación (pues yo estaba con ganas de conocer la nueva realidad de Chile),

- ¿Cómo está la vida en Chile?

El chofer arrugó el entrecejo, como si tratase de adivinar si había una segunda intención en mi pregunta, y tardó unos segundos en contestar:

-Pues...Yo tengo un cabro y una cabrita y me voy defendiendo...- observándome por el espejo retrovisor, me contestó amable pero parcamente, cosa que no suele ser habitual en los taxistas de cualquier nacionalidad. Cansado como iba y algo despistado, le creí entender que complementaba su trabajo de taxista con el producto de los caprinos...

-¿Mejor ahora o con el gobierno de Allende?- insistí de forma clara y tal vez indiscreta.

Ahora sí, claramente tuve la impresión de que aquel hombre se sentía molesto, cuando no temeroso de contestar a mi pregunta. Pero ya estaba hecha.

-Sabe usted... como le decía, me defiendo con mi pega y a mi polola y al cabro y a la cabrita que tenemos no les falta guiso.

Tardé en darme cuenta de lo que eran la pega, la polola y los cabros pero entendí claramente que el taxista no quería hablar de "política" con un desconocido. Eran tiempos de Pinochet y la lengua era un órgano muy importante como para perderla o perderse por su culpa.

Me dejó en el lujoso y céntrico hotel a un lado de la Av. Costanera. Era temprano por la mañana, de una mañana luminosa. Desde mi habitación en la planta ocho, se contemplaba la majestuosidad de los 900 metros del Cerro San Cristóbal, con la sensación de que casi se tocaba con la mano. Después de tomar un baño, decidí ponerme en contacto telefónico con la persona del sobre. Me identifiqué como lo que era: director de una filial de la empresa Barreiros Hermanos y, al cabo de unos quince minutos tenía un coche oficial en la puerta del hotel.

El chófer que vino a recogerme, me llevó a un elegante barrio de lujo en las inmediaciones de la Av. Vitacura, entre Helvecia y Luz, que no estaba a más de cuatro o cinco cuadras de mi hotel. En un piso particular, amplio y con grandes ventanales, desde el que se divisaba una espléndida imagen del cercano Cerro San Luis, me recibió un matrimonio de mediana edad, muy agradable, que parecía alegrarse mucho con mi inesperada visita. Daba la sensación de que, quizás por mi juventud, me tomaban por una visita exótica de la madre patria, o algo así. Me insistieron para que almorzase con ellos.

- ¡Oh, no, muchas gracias! Se lo agradezco mucho pero si me disculpan, casi acabo de llegar de Madrid con escala en Brasil y estoy realmente cansado y con ganas de superar mi desfase horario. (Entonces todavía no se usaba lo de *jet-lag*).

- No hay mejor sistema para eso que aguantarse y adaptarse al horario del país. Así que, permítame que le insista – volvió a la carga la amable señora.

- De acuerdo pues. Muchísimas gracias. Como ven, no he traído nada, vengo con las manos limpias…

- Bueno, bueno, por lo menos trae usted un sobre…y ni más ni menos que desde España. ¡Le parecerá poco! - y aquello sirvió para que nos riésemos los cuatro, pues también estaba presente una uniformada doncella del servicio.

Aquel señor, un alto cargo del Ministerio de Defensa de Chile, abrió el sobre, hizo una mueca de disgusto, chascó la lengua y, creyendo que yo conocía el contenido de la misiva, me dijo:

-Sr. Domínguez, no son buenos tiempos para la compra de material militar… Ya sabe que últimamente los americanos tienen prioridad para el suministro de armamento…Y ese Kissinger está en todo…

-¡Ah! claro – dije yo disimulando mi sorpresa y haciéndome el enterado de la cosa.

-Dígale al señor Barreiros que habrá que esperar. Sí, creo que es cuestión de esperar ¿no le parece?… Pero, por favor, ¡dejemos ahora los negocios y tomemos un aperitivo! ¿Le apetece un jerez seco?

Y allí estaba yo, compartiendo una copa de Tío Pepe, para luego disfrutar de un estupendo y sabroso ceviche de almejas y una cazuela de ave, regada con un increíble Pinot noir. Al terminar la comida, aquel amable matrimonio me acompañó al hotel al que, dada su cercanía, nos desplazamos andando, disfrutando de la fresca pero agradable temperatura del otoño austral de Santiago de Chile, mientras el esposo me comentaba:

-Buenos negocios de munición y armamento tenemos hecho con los Barreiros… Eran otros tiempos ¿verdad?

-Sí, sí, claro.

Nos despedimos. Me preguntó si necesitaba que su chofer me acompañase.

-Mientras esté en Santiago, puede disponer usted de él. Le será de mucha utilidad.

-Muchas gracias, pero tengo la primera entrevista concertada en Puerto Montt y debo estar allí pasado mañana por la mañana.

-¿Tiene ya vuelo?

-Sí, si, tengo vuelo.

La verdad es que yo quería estar solo. A pesar de la amabilidad de aquellas personas, no me sentía cómodo. Estaba más bien molesto por el hecho de haber sido utilizado para entregar una carta comprometida sin tener el mínimo conocimiento de ello. Y no tenía vuelo, pues estaba harto de tanto avión.

Al día siguiente me desplacé a Puerto Montt. Había decidido hacer el viaje en autobús. Nunca me imaginé que un viaje en autobús cama fuese tan pesado. Aquellas veintitrés horas por la Panamericana, para recorrer más de 1.000 kilómetros, hicieron que llegase como un trapo, a pesar de mi juventud y estado de forma. Paramos dos veces para cambiar de chofer y estirar las piernas. Lo estrecho que es Chile a lo ancho, lo compensa con creces a lo largo de norte a sur. Me acordaba del chiste argentino: En Chile las camas están orientadas de norte a sur…

En Puerto Montt tuve la alegría de encontrarme con mi paisano y pariente lejano José Fernández, para quien llevaba el sobre con dinero y una carta.

-Esta carta y el dinero de parte de tu hermana, para que saques el billete de avión y te vengas para Galicia…

Abrió sus ojos de mirada pura casi infantil y me dijo:

-¡Uy, qué bien! Con este dinero podré reponer el dispensario que lo tenemos falto de casi todo…

-Pero… ¿Y tú regreso a España?

El padre José se sonrió permitiendo que se viera su desdentada boca. Era un santo varón, religioso de vocación y sin duda merecedor de la Orden de Bernardo O'Higgins que recientemente le habían concedido, por su inconmensurable labor social, construyendo el pueblo "Techo para todos" en régimen de cooperativa, para dar cabida a los damnificados por el tsunami de 1960. Gracias a él y a su interés porque conociera al arzobispo de Puerto Montt, pude moverme por todo el litoral chileno con una carta que el arzobispo me dio para el Subsecretario de Pesca, responsable de la pesca y la acuicultura de Chile. A veces, tampoco los agnósticos podemos sucumbir a la influencia de las fuerzas representantes de las divinidades. El clero tenía la fuerza que suele tener cuando las dictaduras son bendecidas por los príncipes de la iglesia.

También es verdad que mi visita a Puerto Montt me valió como redención, después que el padre José me obligase a dormir en la casa parroquial y no recuerdo haber pasado nunca tanto frio en una cama, tan solo compensado con el copioso desayuno en un pequeño convento de unas hermanas de las que no recuerdo su orden...

El hotel Montt en la Av. España, se quedó sin mí presencia excepto para pagar la reserva de la habitación. La austeridad está bien para los que tienen práctica. Yo me estaba habituando a la buena y confortable vida. Pero, si quería conocer todos los negocios relacionados con los moluscos, tendría que hacerlo en taxi o en no siempre confortables autobuses.

Visité la práctica totalidad de los establecimientos marisqueros desde Puerto Montt a Concepción siguiendo las carreteras del litoral, pasando por Valdivia, Nueva Toltén, Pto. Domínguez, Pto. Saavedra, Arauco y Concepción. Desde esta ciudad, me desplacé en avión hasta Santiago para, desde allí, por carretera, acercarme a Valparaiso.

En cada uno de los lugares me iba entrevistando con los responsables de la administración y con los productores. Personas de trato directo y carentes de los trucos habituales en el sector de la pesca y del marisqueo en otros países. Estaba encantado con mi portafolios lleno de informes y fotos.

En Valparaiso dediqué medio día a recordar mis vivencias de aquellos años en que, por primera vez en mi vida supe lo que era un debate político. Diez años antes había visto como los periódicos publicaban noticias y comentarios con extraña e insultante libertad, defendiendo cada uno sus tendencias, compartidas o no con las opiniones de quienes firmaban sus artículos en favor o en contra de este u otro político. Era algo impensable en la España de Franco. Debo reconocer que mi aterrizaje a la democracia se había producido entonces, durante mis escalas en Valparaíso a bordo de un buque petrolero.

A mi regreso a Santiago, después de pasar la noche anterior al vuelo de nuevo en el Sheraton, de camino al aeropuerto, con tiempo suficiente, le pedí al taxista que me diese una vuelta por el centro histórico de Santiago. Al pasar cerca del Palacio de la Moneda, a pesar de la extrañeza del chofer que insistía en ello, no quise detenerme a hacer siquiera una foto. La vista de aquel grandioso palacio me revolvía el estómago. Para bien o para mal, Salvador Allende se había convertido en mi ídolo político y allí había acabado su vida al tiempo que la libertad de un pueblo.

Menos mal que la dignidad de un pueblo no está en función de quien pueda dirigirlo. En aquella mi segunda visita, pude comprobar la grandeza de los chilenos; capaces de sobrevivir a delirios dictatoriales. Y sin necesidad de entrar en consideraciones políticas, sirva la dedicación y grandeza del padre José Fernández, capaz de construir un pueblo con el único interés de favorecer a los más necesitados.

Pero tampoco es de la breve visita a mi querido Chile de lo que quería hablarles, como ya dije al inicio de este capítulo; aunque, como les decía, pueda servir para que conozcan la carencia de escrúpulos de ciertos personajes, cuando están por medio la economía y el poder.

VI

Inicié el viaje a España después de pasar nueve días en el policialmente super controlado y forzosamente seguro país de Pinochet, añorando la libertad que se traslucía en Chile una década anterior. Pero, desgraciadamente, aquella nueva situación política, entre otras cosas, amenazaba con la nacionalización de la rica minería de cobre y no convenía a los intereses económicos de los Estados Unidos, como pronto dejó bien claro el equipo comandado por el todopoderoso Kissinger, inmerecido futuro Nobel de la Paz, propiciando un cruento cambio de régimen en el país más austral del mundo.

Una vez en Madrid, expuse mi trabajo e impresiones sobre el viaje ante el consejo que solía formarse en tales casos. Nada de las extensa y prolija información aportada y que tan trabajosa y meticulosamente había hecho sobre la actividad marisquera en Chile, mereció mayor interés por parte de CIEISA o de Barreiros Hermanos; estos últimos parecían más interesados en la cuestión de las armas que en el negocio de los "locos" y "guacucos," como se les llama a ciertos sabrosos y abundantes bivalvos en Chile.

Ese mismo día, don Valeriano me invitó a comer en un restaurante en frente de las oficinas de Alcalá. Éramos cinco personas y la comida versaba en torno a los negocios que se solían hacer con Chile y las posibilidades de negocio en Haití. Así, mientras tomábamos el típico café y copa en la sobremesa, don Valeriano sacó un estuche de puros habanos y ofreciéndome uno:

-Son increíbles, fume uno señor Domínguez.

-Se los envía directamente el propio Fidel Castro - comentó uno de los jefes pelotas con los que compartía mesa.

-Muchas gracias, pero no fumo puros, don Valeriano. Fumo "Ducados".

-Bueno, allá usted.

Al levantarnos de la mesa camino de las oficinas, don Valeriano se puso a mi lado y yo aproveché para quejarme de que no me hubiese informado del comprometedor contenido de la carta que me había encomendado.

-No sé de qué me está hablando –dijo, ante mí asombro, con total naturalidad, para continuar con una sonrisa - Antes de partir, recuerdo que quería usted mi consejo para su nuevo destino ¿verdad?. Pues ahí va: pague a los proveedores lo más tarde que pueda y … cobre cuanto antes. ¡Ah! (ahora me miraba y ponía un gesto duro, mientras exhalaba el aromático humo de su habano), usted ocúpese de lo suyo que es manejar la flota y sacarle rentabilidad. De lo demás ya nos ocupamos nosotros. Suerte señor Domínguez. Y, avanzando con un par de intencionadas zancadas, me dejó unos pasos atrás.

Estaba claro que, para algunos, el dinero estaba por encima de todo. Si eran capaces de aprovecharse y jugar con la seguridad de una persona conocida y "de la casa", ¿qué les iba a detener para aprovecharse de la desventaja de un país por muy pobre que fuera y lleno de personas necesitadas que estuviera, tal como al que yo iría destinado? Los negocios son los negocios y si las cosas van mal en un país, la culpa es de los dirigentes de ese país. ¿O no? ¡Qué razón tenía Georges Clemenceau!: "La conquista económica es el abuso

puro y llano de la fuerza sobre las civilizaciones rudimentarias".
Lo había dicho sesenta años antes. Hay personas capaces de ver el
futuro con clarividencia, mientras otras, tal que yo, necesitamos
romper la puntera del zapato cuando no la uña del dedo gordo,
golpeando contra dos o más piedras.

Una semana más tarde, después de organizar mis cosas y
recoger los papeles que tenía en la oficina, emprendería viaje hacia
mi destino definitivo como Director General, no sin antes recibir
un cariñoso abrazo del entrañable don Graciliano Barreiros,
hermano y socio de don Valeriano, de quien guardo un grato
recuerdo. Pues sí. En una ocasión, después de una agotadora
jornada de trabajo, me quedé dormido apoyando la cabeza en la
mesa de mi despacho. Serían alrededor de las nueve de la noche.
Don Graciliano, como muchas veces, se quedaba para apagar las
luces. Entró en mi despacho y me puso mi chaqueta sobre los
hombros y esperó a que me despertase.

Sin duda que este buen hombre era una grata excepción de
buena persona. De la mayoría de los demás no guardo buen
recuerdo. En mi ánimo, empezaba a tener la impresión de que
algo estaba sucediendo a mis espaldas y que gracias a mi nula
experiencia empresarial no acababa de comprender. ¿Me habían
elegido por mi juventud, por mi falta de experiencia o por ambas
cosas? No tardaría mucho en comprobarlo.

De cualquier manera, estaba contento de poder realizar una
tarea importante y tan diferente a las que, como capitán de barco,
había desempeñado durante varios años.

Y llegó la hora de conocer Haití: el país más maravilloso e
injusto de cuantos he visitado.

VII

Una vez en la cola de embarque en el aeropuerto de Miami, empecé a tomar contacto con las personas con las que tendría que convivir durante mi estancia en la isla a la que me dirigía con mi digno cargo de Directeur General. Excepto cuatro turistas y yo, todos los demás eran negros haitianos y la mayoría mujeres. Grandotas, alegres y fuertes mujeres vestidas con coloridas ropas que también volaban a Haití.

No tuve problema alguno para pasar inmigración. Mientras esperaba en la fila con mi pasaporte en la mano, un hombre cruzó el control sin permiso de nadie, se me acercó y me dijo:

-¿Monsieur Domínguez? ...Du gouvernement d'Haiti... Bienvenue à Port au Prince. Veuillez me suivre...

No recuerdo si me lo pidió o directamente cogió mi pasaporte y saltándose toda la larga fila por un lateral, mientras me hacía indicaciones de que le siguiera, le entregó el pasaporte a un policía, lo selló y pasamos al lugar en donde debía recoger mi equipaje.

Las instalaciones del aeropuerto Françoise Duvalier, habían sido renovadas recientemente. Las pasajeras haitianas que venían en el mismo vuelo que yo, procedentes de Miami, traían enormes maletas y bultos. Los agentes de aduanas eran incapaces de controlar tal cantidad de objetos y, sobre todo, incapaces de enfrentarse a unas profesionales del estraperlo. Mujeres robustas y de fuerte carácter que, en defensa de sus artículos, gesticulaban y gritaban más que nadie, amansando la voluntad de los agentes con sus aspavientos y con sus propinas… Eran verdadera especialistas de lo suyo y estaban protegidas por uno u otro caciquillo. En el aeropuerto de origen, buscaban descaradamente pasajeros con poco equipaje para que les facturasen un bulto o una maleta a su nombre. Así se comprendía la cantidad de mercancía que lograban entrar, sin pagar exceso de equipaje.

El estraperlo era parte de la subsistencia de los haitianos. Era el complemento de la carencia de casi todo, por falta de divisas para importar lo necesario. Para que el país pudiese funcionar, el gobierno no tenía más remedio que consentir aquella pequeña ilegalidad. Los haitianos que no podían hacerlo, nunca saldrían de su miseria. Y los haitianos pobres, jamás tendrían acceso a lo que traían aquellas mujeres estraperlistas. Sus productos iban destinados a las tiendas caras, para que fuesen adquiridos por las clases más pudientes.

Con mi equipaje pasó lo mismo que con el control de pasaportes. El hombre aquel, me señaló un Range Rover aparcado al lado de la salida, abrió el maletero, colocó mi única maleta, me indicó que me sentase en el asiento trasero y emprendió la ruta hacia el hotel "El Rancho", siguiendo la Av. Selassie, bautizada en recuerdo de la impactante visita del emperador de Etiopía y tan bien aprovechada por el dictador Francoise Duvalier.

Puesto que el chofer dijo que pertenecía al gobierno, ya supuse que alguien le había enviado a recogerme. Ni yo le pedí, ni él me dio más explicaciones. Tampoco mi francés era como para explayarse en comentarios más allá de simples preguntas y respuestas. Y el creole haitiano no lo había oído en mi vida.

Recuerdo que el choque de calor a la salida del avión y del aeropuerto fue impresionante. La temperatura debía rondar los 40º C. Soplaba un viento seco levantando polvareda procedente de los laterales de la avenida que conducía a la terminal. El ambiente despedía un olor característico. El asfalto era irregular. A un lado y a otro de la amplia ruta, había palmeras y otros árboles con grandes y protectoras copas; y en cada uno de ellos se podían ver dos ó tres personas sentadas en el suelo o apoyadas contra el tronco de los árboles, a la espera de algo o tal vez de nada. Más tarde supe que aquellos árboles, con acogedoras copas y hermosas flores rojas, eran flamboyanes.

A medida que nos acercábamos a zona urbana, se dejaban ver personas cargadas con fardos enormes sobre sus cabezas y unos peculiares y pintorescos autobuses repletos de personas, animales y cosas, tal como pude observar en las múltiples paradas que hicimos a lo largo del trayecto.

Ni el chofer ni yo cruzamos una palabra hasta la llegada al hotel. Él iba a lo suyo, dando bocinazos y acercándose de forma temeraria al denso flujo de transeúntes. Nadie protestaba. Es posible que aquello fuese normal; aunque también, o más bien, se debiera a la placa oficial que llevaba el ostentoso vehículo: Ministère de l' Agriculture – Gouvernement d'Haiti.

Al bajar del Range Rover, pude comprobar que la temperatura era notablemente más baja y agradable en comparación con la del aeropuerto. Estábamos en Pètion Ville, la zona residencial de Puerto Príncipe, ubicada sobre una colina a casi cien metros sobre el nivel del mar.

Nada más inscribirme en el Luxury Hotel El Rancho, me entregaron una nota. La abrí y era del embajador de España que me informaba que el lunes siguiente, a las 10 de la mañana, pasaría a recogernos. Pronto supe que la otra persona del "nos" a quien debían recoger, era Luis Gómez-Acebo; Duque – consorte - de Badajoz, por su matrimonio con Pilar de Borbón, hermana del rey Juan Carlos I. El Duque también se hospedaba en el mismo hotel.

VIII

La plaza de los Champs de Mars, era un buen marco para resaltar la grandeza del edificio que presidía aquel entorno. Después de pasar el amplio portalón que permitía atravesar una alta y formidable verja de hierro forjado, se accedía al recinto del Palais du Gouvernement. El blanco palacio de tres cúpulas, diseñado como una réplica del "Petit Palais de Versailles", albergaba la residencia del presidente de Haití. Bajo la atenta mirada de los guardias de seguridad, nos acercamos caminando hacia la majestuosa escalinata de la entrada, de la que partían cuatro estilizadas columnas que sostenían el frontispicio bajo el que había tres grandes puertas.

El embajador español Sr. Alzina, era conocido de los diferentes colaboradores y miembros del gabinete presidencial, de manera que el tránsito desde los jardines y la planta baja del Palais du Gouvernament hasta el primer piso, había transcurrido en medio de formales y profundas reverencias.

Era un despacho impresionante, de altos techos, grande y alargado. Carecía de ventanas y de muebles, más allá de una bruñida y sólida mesa de caoba, con su correspondiente sillón de la misma madera, tapizado en piel de color rojo. Era la mesa del Presidente. En frente, unos escalones más abajo, estaban colocadas cuatro sillas también de caoba y también tapizadas en piel de color rojo, pero carentes de apoya codos y del respaldo principesco del sillón que presidía la mesa. El tono rosado de las paredes, combinaba con el blanco de los techos. Tres cuadros: a la derecha Dessalines y a la izquierda Louverture; los grandes libertadores del pueblo haitiano. Y presidiendo la estancia, detrás del Presidente, el retrato de Françoise Duvalier, padre del actual Président à vie.

Momentos antes de entrar en el despacho, alguien debió de accionar un dictáfono anunciando nuestra llegada porque, al momento, se escucharon los chasquidos de los cerrojos de una enorme puerta de madera de cedro y ésta fue abierta lentamente, empujada por un uniformado militar de alto rango. Jean Claude Duvalier, el joven presidente de Haití, el más joven del mundo de entonces, dejaba ver lo orondo que era desde una especie de tribuna tres peldaños por encima del piso. Sobre la mesa, unos pocos y ordenados papeles con aspecto de llevar allí bastante tiempo; una escribanía de plata y la foto de los padres de Jean-Claude.

Con una pánfila media sonrisa, sin mediar palabra, nos indicó que nos sentásemos. Nosotros éramos tres: el embajador, el duque de Badajoz y el entonces joven relator de estos hechos.

-Bon jour Monssier le Président – dijo el embajador.

A lo que siguió una especie de silabeo a modo de saludo y que a duras penas sobrepasaba el zumbido del acondicionador de aire de su despacho. A través de los carnosos labios del presidente, creí entender que decía "bon jour" a modo de cortés saludo.

Como lerdo que yo era en cuestiones de protocolo y relaciones internacionales, la conversación transcurrió del modo que yo menos sospechaba.

Debo decir que la razón que servía de excusa para la visita, era mi presentación como Directeur General de la compañía mixta hispano – haitiana S.P.I.D.H.A, cuyos fines fundacionales eran: "capturar, conservar, elaborar y comercializar peces y otras especies marinas". Para ello, algunos corruptos asesores del gobierno del paupérrimo Haití, habían aconsejado adquirir ocho modernos barcos de pesca por un valor de varios millones de dólares. La tal sociedad, una sociedad mixta constituida entre la empresa española CIEISA y el gobierno de Haití, era una especie de tapujo de la parte española en connivencia con ciertos haitianos para, aprovechándose de los créditos a la construcción naval y a la exportación (en 1979, el crédito a la exportación del Banco Exterior de España alcanzaba los 232.000 millones de pesetas, equivalentes a 3.625 millones de dólares de entonces), venderle los barcos a cualquier país cuanto más corrupto mejor, siempre que tuviese el aval del Banco Interamericano de Desarrollo (BID) o de otra entidad financiera similar. Haití se prestaba a los fines de las dos partes y disponía del aval del BID y un préstamo del Banco de Panamá.

Una vez que el embajador hizo mi presentación y yo le dirigí una ligera sonrisa de cortesía al Presidente, éste me preguntó:

-La pêche est très importante en Espagne, non?

Y a mí, pescador profesional, joven y extrovertido, de una edad parecida a la del Presidente, no se me ocurrió otra cosa que contestarle:

-Oui Monsieur le Président (inmediatamente cambié al español, pues mi francés dejaba mucho que desear), España siempre ha tenido la pesca como una base importante de su alimentación. La actividad pesquera industrial es de las más importantes del mundo. España ha venido pescando en casi todos los lugares del

mundo desde siglos atrás. Hay unos versos que deben de ser del siglo XIV qué ya hablan de la pesca en España...

A mí me daba la impresión de que el Presidente estaba muy atento a lo que yo le comentaba y que era traducido frase a frase por el embajador.

- ¡Oh! ¿Y cuáles son esos versos? – preguntó el presidente, lógicamente en francés, y que daba la impresión de querer evitar conversación más trascendente.

Puesto que había comprendido lo que el presidente me pedía, ni corto ni perezoso, y con cierto pueril orgullo, con la normal sorpresa general, pasé a recitarle la primera fábula que acudió a mi mente:

"Un pescador vecino de Bilbao,

cogió yo no sé dónde un bacalao.

-¿Qué vas a hacer conmigo? – el pez le preguntó con voz llorosa.

Él respondió: Te llevaré a mi esposa;

ella con prontitud y ligereza,

te cortará del cuerpo la cabeza;

negociaré después con un amigo,

y si me da por ti maravedises,

irás con él a recorrer países.

-¡Sin cabeza! ¡Ay de mí! – gritó el pescado.

Y replicó el discreto vascongado:

¿Por esa pequeñez te desazonas?

pues hoy viajan así muchas personas".

El embajador y el duque se miraban y ponían cara de no entender nada ante mi larga recitación, en español, claro. Y el embajador, que parecía un poco abochornado y que no había traducido los versos de mi larga recitación, tomó la palabra para decir:

-Ya ve señor Presidente que en España la pesca es muy importante...

-¡No, no! – dijo el Presidente – tradúzcame los versos que recitó el señor Domínguez, por favor.

Y ya se pueden imaginar al embajador intentando traducir los versos, cuidando de la rima al tiempo y compás que yo los iba recitando de nuevo. El duque resoplaba. Los versos parecieran interesar tan solo al Presidente y a mí.

Al terminar la traducción, el Presidente me miró fijamente y soltó una juvenil media y contenida carcajada.

El duque se mostraba visiblemente molesto, ya que, para él, el objetivo de la visita era meramente económico. Tan pronto como pudo, tomó la palabra pidiendo, sin preámbulo alguno, la intermediación del Presidente para que el gobierno de Haití efectuase el pago de la deuda pendiente, quejándose de que aún no lo hubieran hecho:

-La Societé de Pêche Industrial d'Haití (tal era el significado de las siglas S.P.I.D.H.A.), pronto obtendrá beneficios Monsieur le Président, pero para su puesta en marcha, hace falta que su gobierno cumpla con su parte...

De nuevo el Presidente, con sus inexpresivos ojos permanentemente abiertos, voz casi susurrante y pronunciación lenta, silabeante y apagada, dijo algo así como:

-¡Oh!, ya saben que la cosecha de café ha sido muy mala, la de caña ya no está en nuestras manos y el banano está afectado por el "mal de Panamá"... Habrá que esperar un poco...

En aquel momento me dio pena el presidente y casi le cogí simpatía a aquel joven con apariencia de globo inflado que, el día de su proclamación como Président d'Haití, había prometido solemnemente "no beber ni fumar", como objetivo fundamental de su actitud de gobierno. Y este hombre llegado allí por gracia de la herencia de su padre, continuó: Su cuñado, el rey, va a venir a Haití ¿verdad?

Y el duque, al que iba dirigida la pregunta, con gran cinismo le contestó:

-¡Naturalmente! Monsieur le Président… Tan pronto como regrese de su viaje a Venezuela, vendrá a hacerle una visita…Claro que mucho ayudaría que para entonces hubiera desembolsado el dinero de su parte en la sociedad…

Pero aquel coitado y pánfilo presidente seguía a lo suyo:

-Ya saben que la cosecha de café ha sido muy mala, la caña está siendo explotada por una compañía americana y el banano…

-Gracias por su recepción Monsieur le Président – dijo el embajador, a la vez que hacía una diplomática reverencia, viendo que el joven Président, agotado por la incómoda conversación, hacía ademán de accionar el botón que abriría la gran puerta de su enorme despacho.

-¿Cuándo va a venir el Rey? – le pregunté inocentemente al embajador mientras bajábamos los veinte escalones de la imponente entrada principal del blanco y escandalosamente lujoso Palacio Nacional de Haití, antes de cruzar los jardines y la plaza que nos llevaría a la Rue Pavee.

-¿Eh?…¡Ah, no! El rey no va a venir. No puede venir a visitar a un dictador como Jean-Claude…Además el gobierno de Adolfo Suárez no se lo permitiría…

-Pero… - acerté a decir.

-Sí hombre, ya pensaremos en algo…Seguramente utilizaremos la disculpa del aeropuerto y el cambio de avión…

Estaba claro que el presidente de Haití seguiría esperando por la visita del Rey de España.

-Juan Carlos me dijo que le enviará un telegrama de saludo cuando sobrevuelen Haití…- le comentaba el duque al embajador- Y dirigiéndose a mí de manera un tanto despectiva: ¿no tenía usted una fábula más adecuada y sobre todo más breve, verdad?- remató el Duque de Badajoz. Quedaba más que claro la falta de feeling entre los dos.

-Señor Domínguez, esa fábula fue escrita por el autor de la obra "Los amantes de Teruel"… y creo recordar que es del siglo XIX…Verá – continuó el embajador con una sonrisa más amable que sarcástica – un pariente de Hartzenbush, el autor, estudió conmigo.

No tuve más remedio que mantenerme callado. La tal fábula había llegado a mí no sé cómo, pero nunca me había parado a pensar cuál era su origen. De cara al Presidente no había estado mal. Pero el culto embajador había puesto al descubierto mi osada improvisación. Trataría de comprobarlo, pero seguro que él tenía razón.

Este primer contacto "de alto nivel", me sirvió para empezar a conocer de qué forma tan "sutil" se manejaban las cuestiones de estado y su vinculación con los negocios. Yo era un perfecto inexperto, por no decir incauto. Aunque debo reconocer que me empezaba a causar más lástima el inútil presidente, que simpatía los dos listos, sobre todo uno, que me acompañaban.

Y ¿cómo se justificó la no visita del rey Juan Carlos?: El embajador informó a la casa del Président que el rey había tenido que cambiar el avión por una vería y que el aeropuerto Duvalier no disponía de pista suficiente para que aterrizase el nuevo.

Ante su desilusión, no tardaría el Président à Vie en preguntar que se podía hacer para que aumentasen la capacidad de aterrizaje del aeropuerto.

IX

En el exterior del Palacio Presidencial, hacía bastante calor. Bueno, ¡muchísimo calor! No era mala época para visitar Haití, pero aquel lunes, 4 de junio era un día con una humedad ambiente apelmazante. Yo había llegado dos días antes y me hospedaba en el Hotel El Rancho, en la zona residencial de Pétionville. La diferencia de temperatura entre Port-au-Prince y la ubicación del hotel era de no menos de ocho a diez grados. Abajo, en la ciudad, durante el día, se respiraba con dificultad. Arriba, en Pétionville, a escasos 100 metros de altitud, se podía respirar y por eso es en donde vivían las personas acaudaladas. Como si estuviera adivinando mis penalidades con aquel calor y el agobio que sentía con la anudada corbata, el embajador más que preguntar me dijo:

-Le llevo al hotel ¿verdad Sr. Domínguez?

- Gracias embajador, se lo agradezco.

Iba yo en el asiento delantero al lado del chofer de la embajada y el duque se sentaba atrás con el embajador. Como siempre que visitaba un país por vez primera, yo trataba de no perder detalle, como si no fuese a tener oportunidad de volver a visitarlo de nuevo. Me impresionó ver la estatua y monumento del Nègre Marron o Marron Inconu. Genial aquella figura de un hombre negro haciendo sonar una concha de "lambí", llamando a sus compatriotas a la revolución. Bajamos por la Rue Pavee hasta el cruce con el Blvd. J.J. Dessalines. El embajador quería mostrarnos el Marché de Fer. El contraste de la calle con el lujo del Palacio y los jardines que habíamos dejado atrás, era lamentable.

El embajador era un buen anfitrión. Estaba acostumbrado. Era parte de su trabajo y también de su personal interés, en este caso, tratar de agradar al Duque de Badajoz.

- Este mercado no estaba llamado a estar aquí en Haití. Es curioso como un edificio singular y hasta podíamos decir que hermoso, como este, esté aquí por casualidad.

El embajador hizo una pausa y ante nuestro curioso y expectante silencio, prosiguió:

- El mercado fue construido en Francia allá por el 1890 para servir como estación de ferrocarril en El Cairo. Por confusas y diferentes razones, aquí llegó en el barco que lo transportaba empaquetado y aquí acabó; convirtiéndose en la obra más emblemática de Port au Prince, como si hubiera sido diseñado y construido para ello.

Nos sonreímos ante lo curioso del hecho y el embajador siguió haciendo de guía:

-En este mercado casi todo se compra y vende por medio de trueque. Unos cocos o una tela de colores, se puede canjear por unas zapatillas o un sombrero, por ejemplo.- el embajador iba narrando lo que él consideraba más típico e interesante- Fíjense como se ponen las mujeres: están sentadas en el santo suelo con la falda cruzada de ese modo tan peculiar para tapar sus vergüenzas… ¡je,je! Digo yo.

- Observen esos camiones–autobuses llamados "Tap-tap". Están decorados con pinturas al estilo naif. Algunas son verdaderas obras de arte. Como pueden ver, todos están bautizados y sus rutas se conocen por sus leyendas que casi siempre tienen relación con la religión, como si buscasen la protección divina. Miren ese: "A la volonté de Dieu". Y aquel otro: "Dieu mon berger". O ese que está parado ahí: "Chez nous soyez reine douce Madone". O aquel otro: "Papa Joseph". Aquel pone "Ça ira vite"…¡je, je! "El rápido"… tiene guasa. Van cargados a tope con personas y todo tipo de mercancías: cerdos, frutas, ropas, carbón vegetal, ¡qué sé yo!

- ¿Por qué le llaman Tap-tap?- pregunté yo.

- ¡Ah! es que cuando algún pasajero quiere que le pare, como no tienen paradas fijas, golpea dos veces así: ¡Tap-tap! Y de ahí el nombre – todos nos sonreímos ante la lógica onomatopeya.

- ¿Ven esa joven llenando unas bebidas?, es *bouilli:* un refresco hecho con maicena, azúcar y leche. A saber las condiciones de higiene…

- ¡Joder que asco, que pobreza! –exclamó el duque – estos, como no descubran petróleo van de culo…

- Bueno, el subsuelo de Haití es rico pero está sub-explotado. Por lo visto tiene abundancia de cobre y bauxita –nos informaba el embajador.

Sin bajar del coche, con las ventanillas cerradas y el aire acondicionado a tope, se nos iban secando las axilas y la entrepierna al tiempo que evitábamos el olor que desprendía la calle, sin alcantarillado, abarrotada de semejante muchedumbre. No creo que sea mérito mío reconocer que acabé acostumbrándome a aquel olor, a medida que me iba integrando en aquel pueblo de gente admirable en tantos aspectos. El embajador y el duque sudaban menos que yo, pues usaban trajes de fino lino. Yo todavía no había caído en la cuenta de que el tergal no era compatible con aquel clima. De camino hacia Pétionville, siguiendo la Rue Front Forts, pasamos por la nueva catedral y yo, aún desconocedor de la miseria de aquel pueblo, más necesitado de alimentos que de lujosos templos, de modo espontáneo creo que dije algo tan insulso como:

-¡Qué bonita! ¿No?

Ninguno de los de atrás se dignó hacerme caso. Ellos iban a lo suyo. Bueno, el duque iba a lo suyo y el embajador le hacía la pelota. En aquel entonces, y hasta octubre del 81, las tarjetas de invitación de la embajada todavía usaban el escudo nacional franquista con el águila, el yugo y las flechas. Y tanto al embajador como al duque les unían más lazos con aquel sistema que con Adolfo Suárez.

El embajador, don Valentín Alejandro Alzina de Boschi, digamos que era un buen hombre de la vieja escuela diplomática. Había sido designado embajador de España en Haití, por el dictador Francisco Franco, en el año 1972. Poseedor de las viejas mañas, en voz baja aunque inevitablemente audible, aprovechaba para comentarle al duque su deseo de terminar la carrera diplomática en Suiza o en otro país centro europeo.

- A ver qué se puede hacer – sentí que decía el Duque.

A medida que nos alejábamos del centro, me asombraba ver mujeres de edad indefinida, portando sobre sus cabezas con grácil e increíble equilibrio, aquellos enormes fardos con frutas y no sé qué más que yo ya había visto cuando me llevaron del aeropuerto al hotel.

El embajador era un hombre observador y la belleza no le pasaba desapercibida:

-Fíjese en el talle de las mujeres – notaba que se estaba dirigiendo al duque – la costumbre de no llevar cosa alguna en las manos sino siempre sobre la cabeza, les da andares cimbreantes y un magnífico porte…

La mayoría de las mujeres llevaba la mayoría llevaba en la boca una humeante pipa de terracota con la boquilla de caña de bambú. Fumaban algo que luego supe que se trataba de hoja de banano seca que, al parecer, les servía de droga para poder sobrellevar su vida de cuasi esclavitud, pues se desplazaban casi a diario con aquellos bultos en sus cabezas, recorriendo 15 ó más kilómetros. También el masticado de la caña de azúcar formaba parte de la costumbre. Alguna que otra mujer, aparecía parada en el borde de la carretera, manteniendo los enormes bultos en su cabeza, con las piernas medio abiertas, mientras bajo el paraguas de su colorida falda, corría un chorro de agua que desaparecía tan pronto como ella seguía su camino.

- Está en el Hotel El Rancho ¿verdad, sr. Domínguez?

-Sí, sí, allí estoy – contesté casi por inercia a la innecesaria pregunta del embajador, pues me había recogido allí esa misma mañana.

X

Aquella noche, al borde de la piscina, cené solo frente a uno de los comedores del lujoso hotel. Pronto me acostumbraría a cenar en soledad. Para mí, la vida en los hoteles, aunque físicamente me encuentre rodeado de gente, siempre me dio una sensación similar a la de calles repletas en las que cada cual va a lo suyo.

Con el tiempo, alguno de los empleados del hotel se convirtieron en las únicas personas que yo alcanzaba a ver como integrantes de mi vida. El *bon jour monsieur Dominguez o bon soir Monsieur Domínguez,* pasó a formar parte de mi vida familiar. Ellos eran los únicos que manifestaban su tristeza ante mi cansado aspecto o se convertían en cómplices de mi tardanza un sábado alegre. También sabían mostrar su sana alegría y complacencia cuando me veían contento o cuando recibía visitas importantes. Nunca dejaban de informarme de la llegada de algún español, pues sabían que ello me congratulaba. Bien es verdad que durante mi estancia, tan solo vinieron cuatro; sin contar a los miembros de la embajada, al duque y a Celso Barreiros.

En el hotel había tres músicos habituales, además de los grupos que contrataban los fines de semana. Los tres músicos interpretaban canciones locales de ritmo caribeño. Ahora sonaba "Haïti Chérie" que para mí era una novedad. Pasado el tiempo y durante años, no podía apartar de mi mente la melodiosa canción. Aún ahora recuerdo con nostalgia y una sonrisa la simple letra de aquella canción, en el dulce y sonoro creole: *"Ayiti cheri, pi bon peyi pase ou nanpwen"…* De los tres intérpretes, dos aparentemente viejos y claramente desdentados, sacudiendo unas viejas pero sonoras maracas hechas de coco con un palo de flamboyán, acompasaban el ritmo a otro músico, no menos viejo en apariencia y que parecía el jefe, quién sacaba dulces notas a una vieja y afinada guitarra que, a pesar de los trasteos de sus gastadas cuerdas, se adaptaba a las cascadas aunque melódicas voces de aquellos tres músicos. Cada cierto tiempo, el hombre de la guitarra, paraba para echarse unas gotas de colirio en sus vidriosos ojos y, de seguido, los tres continuaban con su versión de la canción de Othello Bayard que en su primera estrofa, a modo de estribillo, venía a decir que *"no hay un país mejor que Haití".* Ciertamente, pocos lugares he visto en los que sus habitantes quisieran tanto a su tierra.

A eso de las nueve de la mañana, después de haber desayunado también al borde de la piscina, un camarero se me acercó y, en su acreolado francés me dijo que me esperaban en el hall del hotel. El camarero, nervioso, parecía urgir que me apurase. Si me descuido, casi me ayuda a levantar de la silla en la que, cómodamente, disfrutaba de la agradable temperatura matinal de Pétionville.

-¿Señor Domínguez?, soy el ministro Berrouet. ¿Está usted bien? ¿Le atienden bien? ¿Necesita algo? – me dijo en buen inglés aquel hombre enjuto, de no menos de sesenta años, vistiendo una guayabera blanca con bordados discretos, cara agradable y pelo y barba blancos que resaltaban sobre su oscura piel.

En la documentación que me habían dado en Madrid, figuraba un tal Monssieur Berrouet como presidente del consejo de administración de la sociedad S.P.I.D.H.A. Lo que yo no sabía era que se trataba del ministro de l'Agriculture y que meses más tarde sería plenipotenciario y todopoderoso Ministre de l'Intérieur del gobierno de Haití y por tanto, jefe de los "Tonton macoutes" a los que trataría de lavar su imagen de cara al exterior y que pronto los sustituiría por un cuerpo de élite: los no menos temidos "Leopards"

Cortésmente le devolví el saludo también en inglés, mientras estrechaba las manos de aquel hombre elegante, de ojos duros y profundos que parecían emitir un flujo eléctrico. A su lado, se encontraba Pierre, su chofer y guarda espaldas, joven, alto, fuerte y naturalmente negro, a quien se le notaba un bulto a la altura de la cintura, apenas disimulado por su guayabera. Era el mismo individuo que había venido a recogerme al aeropuerto. El tal Pierre, no se alejaba de nosotros ni un segundo, hasta que el señor Berrouet, con un gesto, le indicó que nos dejase solos.

Me preguntó en qué lugar podíamos hablar. Le indiqué unas sillas en un apartado rincón del jardín.

-¿Quiere tomar algo Monsieur Berrouet? – continué hablándole en inglés – Disculpe, pero mi francés es muy básico.

-¡Oh! Sí. Ya me informaron. No se preocupe. Bueno, tomaré lo mismo que usted.

Contestó a mi ofrecimiento con la típica cortesía que sirve además para conocer los gustos de la otra persona. El ministro me observaba con curiosidad. Creo que yo, con mis 33 años, le parecía demasiado joven para ser el Directeur General. Y seguramente se preguntaba qué méritos podría tener para dirigir una empresa de ocho millones de dólares. Digo esto, porque hasta yo me lo preguntaba más de una vez, a pesar del intenso aprendizaje financiero a que me sometieron en Madrid los socios españoles de S.P.I.D.H.A. durante más de seis meses.

Nos sirvieron dos zumos de tomate con los correspondientes sobrecitos de pimienta negra y sal.

-¿Qué empresas ha dirigido usted antes de ahora, sr. Domínguez?

-Pues, ninguna. Yo soy capitán de barco y tengo experiencia en buques de pesca.

-¡Ah! – y después de una larga pausa – habrá que asignarle un buen economista ¿no le parece?.

-No estaría de más, creo yo.

-Le facilitaremos un coche. Mientras tanto, le asignaré un chofer para que se ponga a su servicio.

Yo le había entendido que se refería a su chofer, por lo que contesté:

-Pero ¿Y usted? – dije yo torpemente, como si el ministro no tuviese capacidad para disponer de otro chofer.

El ministro me miró y sonrió, al escuchar mi innecesaria pregunta. Al darme cuenta, traté de arreglarlo:

-Quiero decir, muchas gracias; si no le causa molestia.

Nos dimos la mano cordialmente y le acompañé a la puerta del hotel. Allí todos se rompían el espinazo saludando al ministro Berrouet; ya entonces se rumoreaba que aquel poderoso hombre conocido como "Dadue", pasaría a ser el jefe de los temidos "Tonton macoutes". Y, sin embargo, lo que es la vida, él y yo, en el hotel El Rancho, de vez en cuando solíamos despachar una botella de Chivas, con lo que ambos desnudábamos nuestras conciencias y, naturalmente, hablábamos más de la cuenta.

Aquel contacto y las futuras visitas, supusieron para mí una enorme consideración y respeto por parte de todo el personal del hotel.

Debo reconocer que mis jefes en España, bien arrimados al franquismo que recién acababa de pasar a mejor vida, me habían pintado la figura del joven presidente Duvalier, como la de un hombre interesado en la mejora económica de su país. No tardé en darme cuenta de que ellos, en este caso, hablaban de algo en lo que no creían; y menos en relacionar la "mejora económica del país" con el bienestar social. No hablaban de Democracia; hablaban de dinero. Por eso creían que aquel presidente incapaz, rodeado de una camarilla habituada a obedecer ciegamente a su sanguinario predecesor, era terreno abonado para lograr sus fines.

España distaba todavía de ser considerado como país plenamente democrático. A decir verdad, la plena democracia tiene mucho de utopía y por eso nunca se alcanza. Pero yo, en mis viajes por el mundo, ya había estado en países como Suecia, Dinamarca o Costa Rica, entonces ejemplos próximos a la auténtica democracia, y tenía algo más claro que muchos, lo que era vivir y debatir libremente sin miedo y sin imposiciones dictatoriales. Si no con un reparto equitativo de la riqueza, al menos con un aceptable bienestar de la población.

En Haití sucedía todo lo contrario. Aquí se gobernaba y se actuaba en salvaguarda de intereses particulares. Cualquier cambio político o social era considerado perjudicial para no sé qué criterio de soberanía nacional. Y los pobres, el 95% de la población, lo eran porque siempre hubo ricos y pobres; tal como el clero bien aleccionaba a los menesterosos. Bien, no todo el clero, pues ya entonces se sabía de la suave disidencia contra el régimen de Duvalier de ciertos curas seguidores de la Teología de la Liberación de monseñor Romero.

XI

El chofer que me había asignado provisionalmente el ministro Berrouet, más bien parecía alguien encargado de vigilar mi comportamiento que el de ayudarme a que me pudiese mover en una ciudad totalmente desconocida para mi y caótica en cuanto al tráfico. En una ocasión, mientras esperaba a que llegasen a Haití los dos primeros barcos, el "Columbus" y "La Caravelle", le pedí que me acercase al hotel Oloffson (en donde estuvo hospedado Grahan Green), pues me habían dicho unos turistas canadienses que conocí en mí hotel, que allí, junto con los periodistas, es en donde se solían reunir las personas más liberales del país. A mi edad, y viniendo de una incipiente democracia en España, era lógico que me gustase moverme en ambientes de los conocidos como progres.

Al día siguiente, vino a visitarme al hotel el ministro Berrouet y me preguntó, con cierta sorna, si me había parecido interesante el Oloffson. También aprovechó para decirme que no le hiciese caso a "cuatro comunistas charlatanes" que, al igual que el famoso Green, acabaron cambiando sus ideas hasta convertirse en confesos practicantes de la religión católica.

- Me pareció un hotel interesante, de estilo colonial – Dije a modo de restarle importancia a mi visita que pareciera no gustarle.

Al mencionar la religión, me surgió naturalmente la cuestión vudú y de los zombi. Y por eso, y también para cambiar de conversación le pregunté:

-A propósito de religión… ¿Qué opina usted del vudú y de los zombi?

-¡Cómo que qué opino! ¡El vudú es una religión ancestral y tiene poderes, sr. Domínguez!

El señor Berrouet era impetuoso y brusco cuando consideraba que se dudaba de algo que él consideraba dogma. Además, habíamos tomado al menos tres whiskies cada uno y el efecto se dejaba sentir.

-Bueno…pero … ¿Y los zombi?… No me dirá que…

Cuando con mi joven sinceridad le pregunté tal cosa, presuponiendo ya la contestación, se levantó bruscamente y, de modo autoritario, me dijo:

-Haga el favor, venga conmigo.

Acto seguido, se dirigió a la puerta del hotel, llamó a su chofer y le dijo algo en creole de lo que solo entendí Gonaives.

Serían las ocho de la tarde de aquel plenilunio de finales del mes de agosto. Había llovido abundantemente y en la carretera que nos llevaba a las proximidades de Gonaives, al norte de Port-au-Prince, en la región de Artibonite, había grandes charcos de agua. El ministro Berrouet iba delante, con su chofer. Yo sentado en el asiento de atrás. Los tres callados como si presintiéramos algo extraordinario. Nos desviamos hacia la derecha, dejando la carretera asfaltada. El lujoso 4x4 daba tumbos y salpicaba agua y fango. De vez en cuando, el ministro le decía algo al chofer y le indicaba con la mano hacia donde debía conducir. Había dejado de llover. Pasamos lentamente al lado de lo que parecía ser un cementerio. De pronto, en creole, le dijo al chofer que parase y se quedase allí esperando.

- Venga conmigo señor Domínguez, a ver si tenemos suerte y vemos una prueba de lo que algunos, desalmados claro está, consiguen para su beneficio personal con alguna de las prácticas del vudú. ¿Ha visto el sombrero de copa encima de la cruz blanca? – y sin dejar que le contestase, continuó -¿No le importará mojar los zapatos, eh?... ¿Alguna vez estuvo en un arrozal?- y soltó una ligera sonrisa.

Los dos chapoteábamos por el fango y seguimos así unos doscientos metros. Una luna entre nubes nos permitía ver lo suficiente para caminar. El ministro iba delante y yo le seguía pegado a él. Continuaba hablando, ahora en voz baja:

-Ese sombrero sirve para proteger al muerto y representa al dios de los muertos. Es el "Baron Samedí". Los haitianos combinamos las creencias de nuestros ancestros africanos con las aportadas por la religión católica. Las dos se combinan perfectamente ¿no cree?.

El ministro estaba locuaz y yo diría que algo excitado. Me preguntaba pero no esperaba que yo le respondiese.

A lo lejos se veía una tenue luz. Luego otra y otra dispersas aquí y allá. Era algo así como una pequeña aldea. De pronto, escuchamos unos ruidos como sordos chasquidos contra la tierra. Aminorando el paso nos acercamos al lugar de donde procedían y, ante nosotros, apareció el cuerpo de un hombre inmenso que, con una azada, estaba cavando una zanja en el límite de lo que parecía el final de la zona cultivable, probablemente una tajea para dirigir el agua. Aquel hombre nos vio y nos observó, pero sin dejar de trabajar ni un instante, manteniendo su cansino pero constante ritmo: ¡zas, zas, zas!.

Yo me puse detrás del señor Berrouet. Estaba prácticamente pegado a él, observando aquella masa humana, cuya negra palidez pareciera resplandecer en los intervalos en que las nubes dejaban pasar la luz de la luna.

-Ese hombre tiene todo el aspecto de ser uno de los zombi que hay por aquí – me comentó en voz baja pero perfectamente audible, el señor Berrouet.

-¡Joder! –exclamé- y ¿no es peligroso?

-Carece de cualquier otra capacidad que no sea la de recibir órdenes para trabajar. Comer y trabajar, trabajar y comer. Estuvo muerto y lo resucitaron…

-Pero… ¿Y eso tiene que ver con el vudú?… Y ¿no pueden prohibir que exploten a estos hombres?

-Y ¿cómo lo podemos demostrar?… ¿Acudimos a los tribunales diciendo que eran muertos y que habían resucitado?…¿Usted nos creería? … No, ¿verdad?…¿Conoce la medicina occidental algún fármaco capaz de devolver la vida a un muerto?…

Las explicaciones del señor Berrouet tenían sus lagunas. Para reforzar su teoría, partía de la base de que los zombi habían muerto previamente…Pero ¿Y si así fuera?.

De regreso al hotel, al cabo de las dos horas que nos llevó desandar unos 125 kilómetros, apenas si intercambiamos palabra alguna más allá de ¿va usted bien?. Sí sí, muy bien. Eran cerca de las doce de la noche cuando me dejaron frente a la entrada principal. La lluvia arreciaba y nos despedimos sin que ni el señor Berrouet ni el chofer, bajasen del coche. A través de su ventanilla, tan solo me dijo:

-Sr. Domínguez, ya ve que en esta tierra somos capaces de hacer cosas que parecen imposibles.

Y el señor Berrouet tenía razón. Aquella noche me costó bastante dormir. Si el ministro había querido impresionarme, lo había conseguido.

XII

En mis numerosos viajes por el mundo, muchas veces me tengo preguntado para qué sirven las embajadas, más allá de ser un sistema mutuamente consentido para facilitar información y servir como ojos de espía de un país en otro. Sé que algunos países utilizan sus embajadas como centros de asesoramiento y defensa de los intereses comerciales y particulares de sus ciudadanos desplazados. Las embajadas españolas a las que he tenido necesidad de acudir, me parecieron círculos elitistas de propaganda política del gobierno de turno. Pero debo reconocer que por esta vez, nuestra embajada me ayudó a no meterme en un serio problema.

La mañana anterior, me habían hecho una entrevista en Radio RGR de Haití, acerca de la sociedad SPIDHA. Fue una entrevista técnica, en la que me limité a señalar la importancia de España en el mundo de la pesca y en las cualidades de los barcos que había adquirido Haití, cuando, estando de vuelta en el hotel, me pasaron una llamada urgente del Embajador:

-Sr. Domínguez, no vuelva por la radio. Acaban de arrestar al director. Las autoridades están nerviosas por algo que le contaré personalmente. ¿Va a estar en el hotel a partir de las siete de la tarde?.

-Sí, sí, por supuesto - le contesté.

A las siete y cuarto, vino el embajador acompañado de su esposa, una agradable y encantadora mujer de la que creo recordar le llamábamos doña Francisquita. Nos saludamos, pues nos conocíamos de alguna que otra cena en la Embajada y en el hotel. Se acercó solícito el dueño del hotel, el señor Silvera, a saludar al embajador y a su esposa; cuando nos dejó solos, nos sentamos, pedimos unos refrescos y el embajador me informó de lo siguiente:

-Como le decía, hace unas horas arrestaron al Sr. Jean Dominique, director de Radio Haití y a Gérard Résil de la Radio RGR. A Résil parece ser que le soltaron, pero Dominique está en manos del coronel Jean Valmé, el jefe del cuartel general del Departamento de Policía de Port au Prince. Mala cosa. Parece ser que el hecho tiene relación con lo acaecido ayer con Sylvio Claude ¿sabe quién es, verdad?...

-Pues no, la verdad…

-Bueno, me alegro de que no esté politizado y menos aquí en este país. Verá, Sylvio Claude era el candidato del Partido Demócrata Cristiano y, al parecer, tenía muchas posibilidades de alcanzar la victoria en las próximas elecciones. Intentaron arrestarlo en la sede del partido y en un principio, el Sr. Claude logró escapar saltando por una ventana de la parte de atrás, pero fue herido por una bala… Eso ocurrió ayer.

-¡Joder! Perdón – asombrado, se me escapó la exclamación.

-No se preocupe. Así es, el Sr. Claude fue llevado a la comisaría de Casernes Dessalines.

- Y ¿por qué dijo "mala cosa"? ¿ Le van a torturar?

- Lo más probable.

-Y ¿usted y el embajador de USA no pueden hacer nada…?

El embajador pareció sorprendido por mi pregunta. Debió pensar: ¿qué se creerá éste para qué están las embajadas? Solo faltaría que nos metiéramos en donde no nos llaman. Cada país debe arreglar sus problemas…Pero tuvo a bien responderme diplomáticamente:

-Verá, a los americanos no les interesa el socialismo en Haití… Para ellos son comunistas y para eso ya les llega con Cuba… El presidente Carter les ayuda y quiere que el país se democratice, pero no quiere tendencias socialistas en el gobierno…Y nosotros no debemos inmiscuirnos…

-Bueno. Será así, digo yo.

El embajador Sr. Alzina, por edad y por formación, no era muy partidario de lo que oliese a socialismo y menos a comunismo. Ya desde su primera etapa como encargado de negocios en Panamá, allá por el 53, cuando defendió a Camilo José Cela ante la negativa de la Universidad Nacional de Panamá a recibirle, se le notaba su tendencia en pro de los valores del gobierno que representaba. No entendía que a don Camilo, comisionado para escribir su obra hispanoamericana "La Catira"(1955), se le pudiese tildar de totalitario y antidemocrático por su joven complacencia con las dictaduras del presidente venezolano Pérez Jiménez y Francisco Franco. Por otra parte, en lo personal, a medida que lo iba conociendo, me parecía un hombre de buen trato y lleno de sensibilidad.

-¡Ah! por cierto, no se acerque por la zona de Jacmel. Dicen que hubo algún herido y varios arrestos de personas que se encerraron en el interior de la iglesia…

-Pues sí que estamos bien…

-¿Sabe usted en donde está la prisión de Fort Dimanche?

-Pues, creo que no ¿por dónde queda?

-Bastante cerca de su oficina del puerto...Tirando hacia el norte, más o menos siguiendo la costa, después de pasar por el barrio de La Saline en donde casi no se respira por la cochambre, está el famoso Fort Dimanche en donde encierran a los presos políticos. Yo nunca estuve allí, pero me cuentan que es lo más parecido al infierno que uno se puede imaginar. Las celdas son de 3 x 3 metros y en ellas meten a 20 ó 30 prisioneros...

- ¡No puede ser!... Salen a...veamos... ¡30 centímetros por prisionero!

- Así es. Prácticamente, de allí nadie sale con vida. Realmente, está pensada para que nadie salga con vida...

-Y ¿cree usted que el ministro Berrouet sabe algo de todo esto?

-Sr. Domínguez, el ministro Berrouet lo sabe todo...

Esta conversación con el Sr. Alzina, embajador de España en Haití, transcurría el viernes 31 de agosto de 1979 y en ella me mostraba claramente la faz jánica de la política de todos los tiempos.

XIII

¿Qué cómo es Haití? Esta misma pregunta dicen que la hizo el rey Jorge III de Inglaterra a uno de sus almirantes. El almirante en cuestión reflexionó un momento, luego, cogiendo un papel lo arrugó y lo echó sobre la mesa diciendo: "Majestad, he aquí Haití". Y cuando Colón tuvo que describir a los reyes españoles la imagen del caos de montañas todas orientadas en una sola dirección, con hileras regulares como un abanico entreabierto, poéticamente apuntó: La "Hispañola" es "como los rayos del sol que se levanta".

Y así es; la mayor parte de este país está ocupada por montes de cualquier altura y forma, y por eso los indios nativos le dieron el nombre de Haití o Tierra Alta a la parte occidental de la isla que, en su conjunto, conocían como Quisqueya, que podía traducirse como Madre de las Tierras.

A pesar de todas las cosas dramáticas y crueles que descubría cada día – o quizás por ello - le estaba cogiendo cariño a aquel país sobre el que la leyenda negra y la triste verdad de los abusos del poder largamente dominante, enmascaraba la sufrida realidad social. Así como a belleza paisajística y bonhomía de sus gentes pocos lugares del mundo le pueden ganar, a pobreza y a precariedad de todo lo considerado como imprescindible tampoco muchos le superan.

Y tampoco había libertad, aunque los dirigentes tratasen de que esta fuese aparente. Recuerdo que llevaba más de dos meses el país y aún no había recibido correspondencia de mi mujer ni de persona alguna. Yo le había escrito varias cartas a mi esposa y varias postales a diferentes amigos. A ella la había llamado por teléfono, a pesar de la dificultad para conseguir una conferencia con un pueblo, tal era mi caso. Ella, por su parte, también me decía que me había escrito no sé cuántas cartas, sin haber recibido contestación alguna.

Para entonces, hacía tiempo que había decidido prescindir de los servicios del chofer. Ya tenía mi Subaru y estaba cansado de que me vigilase y Port-au-Price y Pétionville, por donde solía moverme, eran suficientemente conocidas para mí. La ciudad era aparentemente segura y las autoridades presumían de ello, manifestándose orgullosas, pero sin explicar el por qué allí no se producían robos ni actos de vandalismo. Naturalmente, no les interesaba explicarlo. A la carencia de todo se anteponía la falta de libertad. Lo normal en aquellas condiciones de vida e injusticia social, es que saltasen revueltas en cada esquina. Pero la mayoría de los haitianos estaban atemorizados y preferían morir como *boat people* antes de caer en manos de los *Tonton macoutes.*

¡Qué difícil es saber lo que es la libertad cuando se carece de ella! Ya Cervantes había dicho que "la libertad es el mayor de todos los dones que el hombre recibe."

La pobreza era tremenda. La mortalidad infantil creo recordar que rozaba los 140 niños menores de un año por cada 1000 nacidos. La expectativa de vida para los hombres estaba en 47 años y en 50 para las mujeres. Un empleado de S.P.I.D.H.A. (éramos una de las empresas que mejor pagaba), con categoría de peón, ganaba menos de 50 USD al mes.

El analfabetismo era impensable para una sociedad occidental: de la población mayor de 15 años, no sabían leer ni escribir en torno al 52%. Aunque muchos pasaban hambre, los mayores no pedían dinero por puro orgullo. Aunque una de las frases más escuchadas en las calles de Haití, fuese *"give me one dollar"*. Pero tan solo la decían los pillos, dulces, descalzos y desarrapados niños. Tal vez al orgullo se unía el temor a caer en manos de la cruel y oficialmente llamada VSN.

Y con todos esos problemas humanos, a mediados de 1980, al Banco Mundial no se le ocurre otra cosa que imponer en Haití la expansión de las empresas privadas y la *"¡minimización de los objetivos sociales!"* (lit. s.i.c. ni signos de admiración). Casi toda la producción agraria se dedicaba a la exportación y la población pasaba hambre. Hambre física; no hambre metafórica o ganas de comer algo más sabroso. Pero está claro que los dirigentes del Banco Mundial solo estaban interesados en cuadrar sus cuentas. Se hacía cierto el verso de Atahualpa: "las penas son de nosotros, las vaquitas son ajenas".

Pero lo cierto es que nadie del pueblo robaba y los coches se dejaban abiertos en las calles.

Tanto es así que una mañana del mes de noviembre me sucedió lo siguiente:

Como decía, disponía yo de un "Subaru" deportivo con aire acondicionado (aunque el dichoso aire nunca era suficiente en un lugar donde las temperaturas diurnas pueden alcanzar los 45º C.), con el que me movía de un lugar a otro con total aparente libertad, todavía a la espera de que arribasen los dos primeros buques arrastreros congeladores que estaban en camino. La noche anterior, había estado de fiesta en la Embajada de España y, al igual que la mayoría, me había excedido un poco en el consumo de alcohol, con eso de que, con el calor, los efluvios desaparecen casi inmediatamente.

-Beba y no se preocupe, mister Domínguez, aquí, en este clima, el alcohol se diluye así ¡zas! – me decía el orondo y grandote embajador USA, mientras hacía chascar sus dedos.

La verdad es que desaparecen bastante pronto, pero el dolor de cabeza suele quedar como un ligero e incómodo peso que aprieta las sienes. No sé si al embajador USA le sucedía lo mismo, pero el caso es que a mí sí.

Decidí coger el coche y acercarme a una farmacia que había visto en las inmediaciones del hotel, pues ya me daba algo de vergüenza volver a pedir una aspirina en recepción y recibir la mirada cómplice de la encantadora miss Victoria.

Dejé el coche aparcado frente a la farmacia, sin cerrar con llave, como siempre; compré una caja de aspirinas y, al salir, vi que un hombre estaba sentado en el asiento trasero de mi "Subaru".

Con una media sonrisa, me acerqué y le dije:

-Oiga, ¿nos conocemos?

Inmediatamente, como una exhalación, otro hombre me puso disimuladamente algo duro en la cintura y me dijo:

-Suba al coche, arranque y haga lo que yo le diga.

-Oigan, yo trabajo para el gobierno …- le dije en mi mal francés que empezaba a tener acento criollo.

Me hicieron tanto caso como me podía haber hecho el zombi.

Me senté en el asiento del conductor y empecé a conducir despacio y cuesta abajo. La pesadez de cabeza no me dejaba poner nervioso y, por otro lado, no tenía ni idea de lo que estaba pasando.

-Dé la vuelta allí y siga por la carretera hasta que le ordene.

Seguí conduciendo un trayecto no demasiado largo por la Av. Panamericaine que yo bien conocía, por haber ido a cenar más de una vez al buen restaurante "La Lanterne", hasta cerca ya de Peggy Ville, en donde me ordenaron parar.

-Baje y sígame – dijo el que parecía ser el jefe y yo le entendía más por los gestos que por la lengua.

Era un cuartel de la policía. Bastante grande y lúgubre. Me empujaron hacia un cuarto y me sentaron en una silla. Pronto empezó el interrogatorio del que yo apenas entendía nada:

-¿Qué hacía usted la otra noche en el hotel Oloffson? ¿Quiénes eran los que estaban con usted?¿Qué hace usted en Haití?¿Qué….

-Un momento, un momento, ¿habla alguien inglés o español?

-Yo hablo inglés – dijo un hombre que parecía tener mando sobre los cuatro que allí estaban.

-¡Menos mal!...Yo trabajo para el gobierno de Haití, el presidente de mi empresa es el ministro Monsieur Berrouet…

De pronto, las únicas palabras que yo entendía eran *Dadue, Dadue*…El que mandaba, cogió el teléfono y, al cabo de unos instantes, se puso firme y solo se le escuchaba decir: ¡Oui Ministre Berrouet, oui Monsieur Dadue, au moment!, mientras me extendían el teléfono todo lo que daba el cable y otros pareciera querer librarme suavemente de inexistentes mosquitos o alisarme la guayabera que yo entonces usaba.

-Muy bien Monsieur Berrouet. No se preocupe. Sí, sí, muy amables…

Por supuesto, salí de allí recibiendo un trato totalmente opuesto al que había recibido al entrar.

-No, no, no quiero tomar nada, muchas gracias...no, no, no necesito que me acompañen, ya conozco el camino...¡adieu, adieu!...

Al día siguiente, vino un policía y pidió que le siguiera con mi Subaru, para cambiar las placas del coche. Ahora decían: Gouvernement d'Haití. Nunca más volví a tener problemas con la policía haitiana.

Cuando me encontré de nuevo con el ministro Berrouet, todo sonriente me preguntó:

-¿Le hicieron pasar un mal rato?... Tenga en cuenta que cumplen con su obligación...

-Sí, supongo que sí. Pero, ¿por qué les molesta tanto que vaya al hotel Oloffson?.

-Ya le dije que allí suelen ir unos bocazas extranjeros que piensan que el mundo tiene que ser como ellos quieren. La mayoría son periodistas de mierda que vienen aquí para luego llenar páginas de mentiras contra nuestro Gobierno. Usted no les cuente nada acerca de S.P.I.D.H.A. Que no metan las narices en nuestros asuntos.

Y el señor Berrouet, que podía ser encantador cuando quería, cuando ponía un gesto duro, con mirada fría y cruel, me dejaba más que preocupado. Ahora, de nuevo, estaba en su papel de persona encantadora:

-¡Ah! olvidaba decirle que a partir de mañana le entregarán la correspondencia. Lo siento, pero usted comprenderá que debemos protegernos.

XIV

Los barcos no tardarían en llegar. Yo estaba tratando de organizar mi oficina. Necesitaba una secretaria bilingüe o trilingüe más bien. Además del conocimiento del creole local, debía tener buen conocimiento de francés, inglés y español. Eso sería lo ideal. El idioma local era imprescindible para entenderse sin confusión ni duda alguna con los nativos. La mayoría hablaban francés pero las conversaciones íntimas y serias, preferían desenvolverlas en creole. Un proverbio haitiano dice: "cuando alguien habla sin decir nada, se dice que habla en francés".

Pronto trataron de endosarme una secretaria recomendada por no recuerdo qué personaje del consejo de administración. La entrevisté y consideré que no reunía las condiciones necesarias, sobre todo idiomáticas, que la empresa necesitaba. Al parecer era pariente de la cónsul de Haití en Madrid. Esa decisión me causó no pocas llamadas de diferentes estamentos de la sociedad, que me aseguraban que en Haití no iba a conseguir secretaria con mejores prestaciones que la recomendada. Les agradecí su interés pero decidí poner un anuncio en la prensa local. Inmediatamente recibí respuesta de una secretaria haitiana empleada en la embajada de Perú. Concertamos las condiciones económicas y así fue contratada Mme. Malebranch por la cantidad de 300 USD al mes.

La señorita Malebranch era una encantadora mujer negra de unos 60 años de edad. Debo reconocer que, además de su eficacia, fue fiel a la dirección durante el tiempo que estuvo al servicio de S.P.I.D.H.A.

Ya tenía oficina y unas instalaciones dignas en el edificio portuario: despacho del director, sala de juntas, despacho del contable financiero y despacho de la secretaria, todos ellos con aire acondicionado.

Los dos primeros barcos, el "Albatros" y "La Caravelle" llegaron a Port-au-Prince un sábado, día 8 de diciembre de 1979. Acudí al puerto a darles la bienvenida e invité a los capitanes y jefes de máquinas a cenar conmigo en el hotel El Rancho.

El viernes de la semana siguiente, estaba previsto que viniese a visitar los barcos el Presidente de Haití. Las medidas de seguridad eran tremendas. Todo el puerto fue bloqueado por fuerzas militares. Se paralizó cualquier actividad. Se vivieron momentos de tensión cuando le sugerí al presidente Jean Claude que sería interesante que viera las instalaciones de máquinas. El espacio era reducido y tan solo cabíamos con cierta comodidad, el jefe de máquinas, un intérprete (un representante español de furgonetas Ebro que conocí en el hotel y que dominaba el francés), el ministro Berrouet y yo. La numerosa escolta del presidente también quería entrar. El calor era sofocante y aquellos hombres armados hasta los dientes, pujaban por bajar. Se me ocurrió decir que con el calor de la sala de máquinas podían dispararse las armas que portaban y, cuando el presidente escuchó tal cosa, les ordenó que le dejasen solo. Aun así, se fueron a regañadientes, quedándose en la puerta de bajada a la sala de máquinas del "Albatros".

El presidente quedó encantado con la visita y, mostrando una mueca parecida a una sonrisa, me pidió que fuese al puerto a ver su yate y que le indicase como manejar alguno de los equipos náuticos que tenía a bordo.

Tan pronto como terminaron los actos de bienvenida a la flota de S.P.I.D.H.A., a través del señor Berrouet le hice saber al presidente que estaba a su disposición para ir a bordo de su yate. Un martes a primera hora de la tarde, me envió un coche militar que me llevó a la isla de Ibo Beach, en donde estaba su barco. Arrancamos los motores sin salir a navegar, puse en marcha todos los equipos, con breves indicaciones al propio Jean Claude, tomamos una cerveza y al cabo de una hora me devolvieron al hotel.

Debo reconocer que, después de mi estancia a bordo del lujoso yate "Niki", me creí importante. Me sentía una de las personas más afortunadas de Haití. Lo siento; no era o no quería ser consciente de lo que pasaba en a mí alrededor. Ya me había olvidado de los luctuosos sucesos del mes de agosto. La verdad, parecía que todos se habían olvidado, pues nadie hablaba de "aquello". A partir de entonces, la consideración de los miembros del consejo de administración, incluyendo al propio y poderoso ministro Berrouet y de muchas de las embajadas hacia mí, se había acentuado y eso hacía que me creyese importante.

El buen economista y mejor persona, el joven Monsieur Philippe Lahens, *Conseiller Economique pres la Secretarerie D'Etat du Commerce et de L'Industri* (los cargos de los países pobres suelen tener los nombres más extensos), era consejero de SPIDHA con cargo ejecutivo de Directeur Financiere, siempre me trató con respeto, demostrándome su amistad. Éramos de una edad aproximada. Él se había educado en Canadá y, aunque creo que se alegró de mí, digamos, buena relación con Baby Doc, parecía más bien sorprendido, como si esperase otra cosa de mí.

-Domínguez, ¿esperabas encontrarte con un país tan pobre y atrasado?– me preguntó a poco de conocernos.

-Me encanta tu país Philippe. Es una pena que no lo dejen progresar.

-Así es Domínguez. Es difícil que progresemos así, ¿verdad? Estoy lleno de dudas. A veces pienso que la mayoría de la culpa es nuestra, pero otras opino lo mismo que tú: no nos dejan progresar.

Para otros consejeros, como el docteur Guy Noel, uno de los médicos de la señora Simone Ovid (a quien llamaban "Mama Doc"), y que mantenía muy buenas relaciones con el Duque de Badajoz y con Celso Barreiros, también consejeros, yo no dejaba de ser un estorbo necesario. No veía en mí a alguien con suficiente poder como para hacerle ganar dinero.

Que esto no se interprete como disculpa. No cabe duda de que sobran razones para que no me sienta orgulloso de mí amoldamiento. Pero ¿qué podía hacer?

XV

Haber traído aquellos dos barcos a pescar en las aguas de Haití, pronto se demostró como un desastre para la ecología marina de la escasa plataforma continental del pequeño país. Pero había un interés especial en hacerle ver al pueblo que el país avanzaba técnicamente. Y, mi decisión en cuanto a las pruebas a efectuar en sus aguas, aunque limitadas en el tiempo, había sido favorable. Un verdadero error.

El Directeur du Service de Pêcheries, el señor Garnier, era una buena persona, competente y mal pagada que me facilitaba información precisa sobre las zonas y la situación de la pesca en Haití.

- Señor Domínguez, el sector de la pesca de Haití (tan solo existía pesca artesanal), se me ha quejado reiteradas veces de la actividad de los buques arrastreros que operan en la bahía de Port-au-Prince…Las fértiles algas marinas que protegen los fondos de nuestra pequeña plataforma, llegan a las playas…Puede ser un desastre ecológico…

-Hemos intentado reciclar uno de los barcos y dedicarlos a la pesca con nasas a diferentes profundidades. Es mucho más selectiva. Pero se largan las nasas por la noche y a la mañana siguiente desaparecen como por arte de magia. Eso no tendrá que ver con el vudú ¿verdad?.

El señor Garnier sonreía. Conocía a los pescadores haitianos mejor que nadie y seguramente estaba enterado de que las modernas nasas que utilizaba el "Columbus" eran levantadas en la oscuridad por los pescadores haitianos.

-Al parecer ustedes balizan las nasas para encontrarlas al día siguiente ¿verdad?

- Claro, son muchas y caras y no es cuestión de perderlas...

- Eso es como una invitación para que nuestros pescadores vayan a recogerlas...

-¡Vaya!, tendré que decirle al capitán que cambie de táctica y que no las balicen.

Ambos sonreímos, porque reconocíamos que esa era la única defensa que tenían los pescadores locales para luchar contra la pesca industrial de unos barcos del gobierno. A nadie se le ocurriría protestar abiertamente, como sin duda sucedería en España o en cualquier otro país con ciertas libertades.

Ante aquellas quejas y la lógica reacción de los pescadores artesanales, con sus nasas de mimbre y sus rústicos botes de madera, yo no podía evitar darle toda la razón y, fue entonces cuando empecé a tratar de convencer al consejo de la necesidad de reorientar la actividad hacia otros países cuánto antes. En el informe que yo había hecho, después de analizar en las cartas náuticas, localización y posibilidades de los caladeros de las costas haitianas, ya indicaba un máximo de permanencia en estas aguas de no más de dos meses.

No fue fácil convencerles. Las cantidades de pescado y langostino desembarcados por los dos barcos, eran totalmente inusuales en Haití. Nunca habían visto tanto pescado junto. Lo de menos era la esquilmación del llamado Golfo de la Gonaive. A quienes habían aconsejado la compra de aquellos costosos barcos, les convenía mantenerlos en Haití. La única manera que tenían de justificar el desproporcionado coste de la compra, era presentarla ante el pueblo como una cuestión de imagen de modernidad y progreso. La española CIEISA (Compañía Internacional de Exportación e Importación), ya se había lucrado con la venta de los barcos; y la parte haitiana que había participado en la operación, también lo había hecho.

XVI

Una de las maneras de evitar críticas de los pescadores haitianos y contentar a la población, consistía en regalar el pescado de escama entre la gente del pueblo. Para ello, se almacenaba la pesca congelada en unos cutres frigoríficos privados existentes en las inmediaciones de Port-au-Prince y aquel lugar se convertía en un verdadero mercado de pescado.

Para poder satisfacer la demanda y al mismo tiempo un mínimo de control en la entrega de pescado a aquella multitud de personas necesitadas, eran imprescindibles unas balanzas que, de forma rápida, despachasen la mercancía. El frigorífico nos había facilitado una sola pesa artesanal del año catapún. En Haití no había en donde conseguir balanzas electrónicas. Tampoco pilas suficientes. Tuve que enviar a mi asistente Antoine a Miami para adquirirlas, y aprovechar para comprar otras cosas necesarias para los barcos, tales como guantes y cuchillos de abrir pescado, para poder eviscerar el pargo que vendíamos a Puerto Rico. Antoine, casado y con dos hijos, cobraba el equivalente a unos 500 USD al mes, y era la única persona a mis órdenes con autorización para salir de Haití, pues, por su salario y su familia, no había riesgo de que desertase. El señor Berrouet pensaba – y posiblemente estuviera en lo cierto – que cualquier otro no regresaría a la miseria de su pueblo.

Naturalmente, con esta merma de ingresos y con estos y otros gastos, la economía de la empresa se resentía y el dinero empezaba a escasear; pero el Président á Vie estaba encantado teniendo los barcos en Haití, porque pensaba que así aumentaba su popularidad. Y él, desconocedor de todo lo que pasaba (excepto del incremento de su fortuna personal), veía aquellas dádivas de pescado como una conveniente y rentable limosna. Es posible que estuviese pensando en la manera de acallar conciencias por el dispendio que supondría su próxima y anunciada boda.

Finalmente, en mayo de 1980, conseguí sacar los barcos de Haití para que operasen en las costas de Suriname, con base logística en Port of Spain en Trinidad, con gran satisfacción para el señor Garnier. El Président a Vie estaba demasiado ocupado con su enlace y lo seguiría estando por razón de matrimonio. La adquisición de aquella flota, después de las dádivas a su pueblo, en parte ya estaba justificada.

Me duele decir que al señor Garnier, con conocimiento del presidente de SPIDHA, le transfería una pequeña cantidad de dinero mensual a través de mi cuenta en España, para que su hijo pudiese seguir estudiando en la universidad de Sevilla. Pocas veces me encontré con una persona que recibiese aquel dinero (400 USD cada mes), mostrando tal sensación de vergüenza; ante cuya actitud, yo siempre traté de restarle importancia y le decía:

-No se imagina usted sr. Garnier, cuánto dinero y en qué se lo gastan otras personas de las que prefiero no hablar.

Y estas palabras parecían tranquilizar un poco la conciencia de un hombre que, junto con Philippe Lahens, era uno de los más honrados en medio de tantas pirañas españolas y haitianas. Para muestra, el siguiente botón:

Cada tres meses más o menos, debíamos viajar a Madrid el señor Berrouet y yo para celebrar consejo de administración. Una vez nos acompañó el doctor Noel. El ministro Berrouet me solía pedir dos billetes en business para él y para una señora que yo supuse su esposa.

- El señor Berrouet viaja con su mujer – le comenté a mi secretaria.

- Oh, no, no creo que sea su esposa, puede que sea su secretaria…Sí, es su secretaria – dijo la señorita Malebranch, mostrando una pícara sonrisa, cuando vio el apellido del otro billete. Sí, sí, al igual que la mayoría de las personas importantes de Haití, el señor Berrouet siempre viaja con la secretaria…

Aunque ese billete extra ayudase al quebranto económico que padecía la empresa, no era ciertamente lo más importante ni el gasto principal. Porque lo cierto es que el dinero desaparecía en volúmenes considerables. En uno de mis viajes para asistir a esos llamados consejos de administración en Madrid, el máximo responsable de CIEISA, la empresa de los señores Barreiros, en un aparte, me ordenó lo siguiente:

-Sr. Domínguez, transfiérale al Duque de Cádiz, a la cuenta de Suecia que le dará el Sr. Rodríguez, treinta millones de pesetas.

Yo obedecía las órdenes de quien mandaba en aquella casa de la calle Alcalá y tan solo me permití preguntar:

-¿Qué concepto le pongo?

-Usted transfiera el dinero, ya hablaremos del concepto.

Y así se hizo a principios de 1980, en pago no sé de qué a Alfonso de Borbón Dampierre, a la sazón Embajador de España en Suecia y esposo de doña María del Carmen Martínez-Bordiu y Franco.

El abuso y despilfarro de dinero por nuestra parte, era solo un pequeño pie apretando el cuello de la economía de los haitianos. Estaba claro que a ninguno de los creadores de aquel negocio de exportación de barcos le importaba lo que unos siglos atrás había dicho el mencionado Clemenceau: "No existe derecho alguno de las naciones llamadas superiores sobre las naciones inferiores"

Pero había más pies apretando más fuerte que los nuestros; y a aquel perro flaco, al que cada vez acudían más pulgas, pocos pies eran necesarios para estrangularlo.

Pero, al margen de los asuntos económicos, permítanme que les cuente algo curioso (si no fuese por la gran trascendencia que tuvo el protagonista), y que sucedió en aquellas fechas, alrededor del 12 de enero de ese año, cuando desembarcó del buque "Columbus" el segundo motorista, Ricardo Portabales, quejándose de fuertes dolores abdominales.

Regresaba yo de uno de mis viajes a Puerto Rico y Miami, para tratar de vender la producción que no se había repartido entre los haitianos cuando, informado de que habían desembarcado al señor Portabales, segundo motorista del "Columbus" y que estaba ingresado en el hospital ubicado entre la Rue Monseineur Gilloux y la Rue J. Janvier (Hôpital Universitaire d'Haití), me acerqué a visitarle. Me dijo que las condiciones higiénicas y de medios en aquel centro eran horribles. La verdad es que no le faltaba razón. Yo le contesté que aquel hospital era lo mejor que había en Haití. Y era cierto; me habían contado que en el otro hospital de Port au

Prince, ante la falta de camas, no era extraño ver a dos pacientes juntos en la misma cama.

Le habían hecho pruebas y no le habían detectado mal alguno. Uno de los médicos me comentó que aparentemente y de acuerdo con las pruebas efectuadas, descartaban cualquier tipo de enfermedad grave y que los fuertes dolores que decía sentir, podían ser de origen gástrico: "una mala digestión o algo así". Pero Ricardo Portabales se quejaba como si se fuese a morir de un momento a otro e insistía en que quería ser repatriado a España.

Al día siguiente de mi visita, me acerqué al hospital para llevarle unas pastillas de jabón "Lux", cepillo y pasta de dientes y un juego de toallas que, confieso, cogí del hotel. El sr. Portabales no estaba. Se había escapado del hospital la noche anterior y, gracias a unos miembros de la tripulación del "Albatros", pude localizarlo bebiendo cubatas y bailando en un club del Beau Rivage, en la avenida costera Harry Truman de Port-au-Prince. Fue repatriado a su costa inmediatamente.

Y a quien de verdad iba a causarle un dolor real era a Celso Barreiros, al implicarlo por tráfico de drogas en el llamado caso "Nécora". Pero esa también es otra historia.

XVII

Haití era una fiesta. Era habitual ver al joven presidente a bordo de una de sus potentes motos o de su Lamborghini, asustando a gallinas, perros y a los confiados transeúntes de Haití. Aun así, la mayoría de los pacíficos habitantes aplaudían al verle pasar como una exhalación (es un decir, por el estado general de las calles), camino del Hotel Ibo-Lelé, en donde se había refugiado su prometida Michèle Bennett. Con gran disgusto de Mama Doc, antes del *Kanaval* de 1980 (nombre creole para el carnaval), se había anunciado el próximo enlace del presidente Jean Claude Duvalier con la guapa y rica mulata.

Michèle era una joven de 29 años, perteneciente a una acaudalada familia de Haití. Su padre Ernest Bennet, además de sus negocios de exportación de café era dueño de las aerolíneas nacionales HAITI AIR. También se rumoreaba que el señor Bennett traficaba con drogas por medio de sus aviones C-46.

El matrimonio tendría su enjundia. Michèle era una mujer divorciada y eso no estaba bien visto en un país de mayoría católica y desde luego, no era del agrado de su futura suegra, quien inmediatamente abandonó el palacio y se marchó a su residencia de Pétionville. Además, Michèle era mulata y precisamente Duvalier padre, había luchado toda su vida contra "esos elitistas de piel clara" que habían gobernado el país desde siempre. Cosas raras que suelen ocurrir con las cuñas de la misma madera, pues "Mama Doc", Simone Ovid Duvalier, también era mulata.

A pesar de los pesares de la señora madre, Haití era una fiesta. Yo estaba bien enterado de casi todo. Además de lo que me contaban la esposa del embajador y los empleados del hotel "El Rancho" en donde residía, tenía buena relación con mi compatriota, la madrileña Conchita, casada con el propietario del hotel Ibo Lelé, en donde se hospedaba la guapa, orgullosa y distante Michèle, a quien mi paisana me presentó una noche que recalé allí para cenar. Fueron dos ¡hello! fríos, como si viniesen de una diosa hacia un esclavo. Se lo hice ver a Conchita y ella me dijo que era una máscara defensiva de la diva, nada más. Creo que la madrileña se equivocaba.

El presidente de mi empresa y ministro del interior Sr. Berrouet, no me hacía comentario alguno acerca del próximo enlace, pero parecía no estar muy de acuerdo.

Viendo yo que en la prensa se estaban publicando grandes anuncios dándole la enhorabuena a los futuros contrayentes y deseándoles las mayores dichas de felicidad eterna, le comenté al señor Berrouet mi intención de poner un anuncio de SPIDHA con los mayores deseos de felicidad de parte del presidente y de todos los empleados de la sociedad. Me dijo que a él no lo nombrase. Y el anuncio de media página, quedó más o menos diciendo "la sociedad S.P.I.D.H.A. se complace en felicitar a los futuros contrayentes, etc.etc."

Unos días más tarde, alguien, de alguna de las embajadas que solía frecuentar como invitado a sus fiestas, me dijo que habían visto el anuncio de media página de SPIDHA.

-La mayoría de los mensajes de felicitación suelen empezar: el presidente, consejo de administración y empleados… El anuncio de ustedes se refiere a la empresa SPIDHA… el ministro Berrouet es el presidente de la sociedad ¿verdad? – comentaba quién seguramente estaba tan informado como yo mismo.

-Sí, así es. Pero el señor Berrouet no quiso que se le incluyese.

-Parece que el ministro Berrouet, a pesar de ser mulato como Michelle, no está muy de acuerdo con la boda y con el comportamiento del joven Jean Claude – comentaba otro de los comensales, intentando sonsacarme algo que yo, naturalmente, conocía.

Pronto se celebrarían los "Pre-Kanaval" del mes de enero y las calles de Port-au-Prince se llenaban de gente local y de turistas, mayormente en todas las calles adyacentes al palacio presidencial y en especial a lo largo de toda la Rue Pavee frente a la Cathédrale de la Sainte Trinité. El Pesidente Duvalier solía asomarse a los jardines del palacio para que la gente le viera de pié, pues tan solo solían verle como una sombra conduciendo sus lujosos coches y motos a gran velocidad, seguido a duras penas por su seguridad personal.

Después del "Pre-Kanaval" había un compás de espera, en el que los grupos preparaban sus máscaras de papel maché y sus disfraces para el verdadero Kanaval que, este año de 1980, comenzaría una semana antes del 19 de febrero, por ser el día 20 miércoles de ceniza. Carrozas y más carrozas; grupos de danza; grupos musicales en tap-tap descubiertos cantando típicas y universales canciones del folklore centro americano, sin que se dejasen de escuchar patrióticas estrofas de su himno: "Pour le Pays, pour les Ancêtres, Marchons unis, marchons unis,… Du sol soyons seuls maîtres"; disfraces individuales a pié y a caballo…

Música, música… *"Ayiti cherí, pi bon peyi pase ou nanpwen…"*
sonaban a todas horas en cada lugar de Port-au-Prince.

Eran nueve o diez días de locura y frenesí carnavalesco, lleno
de desfiles de lo que llaman *"Rara"* en el que el ron y la música
al son de bidones, trompetas y cuernos de bambú (*vaksens*) eran
destacados protagonistas. Solía haber bastantes muertos y decenas
de heridos.

-¿Sabe usted señor Domínguez? La gente se olvida de comer
y sufren desmayos y a veces mueren a causa de inanición… - me
decía el sr. Berrouet, eludiendo referirse a las disputas y rencillas
que se producían en esos días entre personas con algún tipo de
rivalidad; y posiblemente sin contar los "ajustes de cuentas" de los
Tonton macoutes.

Pero no solo los haitianos cometían excesos y se portaban
mal durante los carnavales…En aquellos multitudinarios desfiles,
sobre todo en el frenético "Rara", también se podían ver hombres
y mujeres blancos con más alcohol y ganas de abusar de sexo de
lo recomendable.

El día 21 de febrero, una vez finalizado el Kanaval, recibí la
invitación de "El Embajador de España y la Señora de Alzina"
para cenar en la Embajada. Allí se hablaba de los rehenes de la
embajada americana en Irán, de los ocultos sucesos del carnaval
y se cotilleaba acerca del próximo matrimonio de Michèle y Jean
Claude. Para las señoras, ella era bastante borde y no precisamente
guapa. Para nosotros era muy atractiva y bastante borde.

-Sr. Domínguez, me dijo el agregado, el señor Ochoa, que le
habían visto anteayer saludando al presidente…- dijo el embajador.

-¡Ah! sí. Paseaba yo frente al palacio con un periodista canadiense y, al verme, el presidente se acercó a la verja y me estrechó la mano…

-¡Caramba! ¡Qué bien se relaciona el señor Domínguez! – bromeaba Willian B. Jones, el embajador USA. – Por cierto, ¿cómo podía conseguir una cajita de langostinos?

-Eso está hecho; mañana mismo haré que se la entreguen…

Y así, sin hablar para nada de la dramática situación de pobreza en Haití, ni de los derechos humanos, ni de los presos, ni de la mortalidad infantil, ni de los despilfarros de los políticos haitianos, terminó la cena con unas abundantes copas en el pequeño jardín de la embajada.

XVIII

Hablando de los derechos humanos, sucedió que una tarde poco antes de desplazarme para comer en uno de los restaurantes próximos al puerto, mi secretaria, la señorita Malebranch, me anunció que tenía la visita de un tal señor Monroy, que decía ser miembro de la Comisión Interamericana de Derechos Humanos. Venía acompañado de un tal Monsieur Orcel, del servicio de detectives, a quien reconocí como el jefe de los policías que me habían interrogado en la comisaría de Peggy Ville.

Les hice pasar a mi despacho y les pregunté qué cual era el motivo de su visita.

-Soy miembro de la Comisión Especial para los Derechos Humanos. Estamos visitando diferentes empresas de Haití. ¿Podría usted contestar unas preguntas?

Aquel señor, pocos años mayor que yo, hablaba perfectamente español, con un ligero acento suramericano.

-Naturalmente; aunque no sé si podré servirle de mucha ayuda…

-Verá, se trata de conocer las condiciones laborales y la asistencia social que reciben los empleados de su empresa…

Y así fue como tuve que contestar a las preguntas que me hacía aquel señor, sin la libertad que me hubiese gustado tener de no contar con la presencia del detective señor Orcel. Aun así, de una manera como casual, tuve la oportunidad de comentarle mi detención y traslado a la comisaría arriba de Pètionville.

-Reconozca señor Domínguez que se encontraba usted mal aparcado...- comentó sonriente el detective.

-Sí, claro; menos mal que todo se arregla siendo amigo del ministro Berrouet...- le contesté.

Al despedirnos, después de la ponderada contestación que yo había dado a las preguntas del comisionado, dada la facilidad del idioma común, le dije que me gustaría invitarle a tomar algo en mi hotel, a lo que contestó afirmativamente.

Esa misma tarde, mientras escuchábamos la música distante del grupo musical habitual, tuve ocasión de oír la más cruel de las narraciones que ser humano puede imaginar.

Ante una de mis preguntas acerca de las condiciones en la cárcel de Fort Dimanche que yo conocía por boca del embajador señor Alzina, me horrorizó con el siguiente relato:

-¿Sabe usted como se deshacen de los presos?

-Pues no, como comprenderá...

-El método de ejecución es de lo más bárbaro que se pueda imaginar y hasta no sé si contárselo...

-Por favor. Ahora no me deje así...

-Verá. En los últimos años, no se utilizan balas para ejecutar a los prisioneros. Se les obliga a avanzar de noche, uno a uno, hacia el cercano mar (a unos cincuenta ó sesenta metros de la cárcel), y, con un palo, les van dando un fuerte golpe en la nuca...

-Así como se lo cuento. Tenemos muchos testimonios de carceleros y presos que han podido verlo...

-Pero ¿por qué no lo denuncian?

-Ya lo hemos hecho. Ellos lo niegan todo. El coronel Luis Charles les tiene aterrorizados y todos los que poseen alguna responsabilidad, lo niegan. Ahora nos dicen que han cerrado la cárcel, pero por lo que estamos averiguando nos parece que no es cierto. Si le pedimos ir a comprobarlo, nos dicen que allí ya hemos estado…

-Y ¿quién certifica las muertes?

- Esa es otra. En sus escuetos informes solo aparecen muertes por tuberculosis y diarreas…El responsable es un tal doctor Trevan. Dicen que no va a Fort Dimanche más de dos o tres veces al año… Pues ya ve amigo Domínguez, así es como se deshacen de los presos en Fort Dimanche.

-Se lo diré al embajador español, se lo prometo. – en aquel momento me hervía la sangre.

Y el señor Monroy, haciendo una triste mueca, tal vez de incredulidad, me dio la mano y, antes de marcharse, me dijo:

-Domínguez, artículo I. Todo ser humano tiene derecho a la vida, a la libertad y a la seguridad de su persona. Esa es nuestra premisa, aunque a veces me siento como un guiñol manejado por otros intereses.

En los jardines del lujoso Hotel El Rancho, las lagartijas se afanaban en la búsqueda de los insectos de la tarde, moviéndose entre los arbustos o trepando por las encaladas paredes; y los simpáticos colibrís aprovechaban las horas de sol que quedaban para hartarse del néctar de las flores.

Los animales eran libres a su manera; los nativos carecían de la libertad de los animales.

Me fui acercando a la barra del bar interior, saludé a los músicos y pedí un ron a palo seco; necesitaba algo que rascase mis entrañas, mientras escuchaba una vez más las estrofas de Haïti

Chérie. Eran letras salidas del corazón de personas que merecían mejores dirigentes para gobernar un país maravilloso. El grupo ahora interpretaba lo mucho que le quería a su amado Haití: *Pou m santi vreman tout sao u te ye pou mwen.* Sí, "para sentir realmente qué significas para mí".

XIX

Por aquellos días de finales del mes de febrero y hasta el 7 de marzo, en que regresan a puerto los dos barcos, el "Columbus" y "La Caravelle", reanudé mis contactos con la empresa Navarro's en Port of Spain, para que nuestros barcos operasen desde allí.

Me desplacé a Trinidad y, de acuerdo con el consejo de administración, firmamos un acuerdo de explotación con opción de compra para los dos buques. No obstante, las licencias tuve que conseguirlas yo.

Por medio del gerente de la empresa del señor Navarro, contacté con unos curiosos personajes de Suriname: los hermanos Sibilo, famosos ex jugadores de baloncesto y personas muy populares en Suriname. Tuvimos la primera cita en mi habitación del hotel Hilton. Para impresionarles, alquilé provisionalmente, durante dos días, una suite del Hilton en donde conseguí que me concedieran dos licencias de pesca en aguas de Suriname, por un importe total de 3.000 USD. Les di una señal de 500 USD y les acompañé a Paramaribo. Allí estuve tres días esperando que el sargento responsable del asunto de las licencias, tuviese a bien entregarme algún escrito que las acreditase. Para pasar el tiempo, me llevaron a pescar pirañas en el Amazonas y me llenaron la cabeza de historias de personas a las que los simpáticos pececitos les habían comido los pies o las manos e incluso que algunos habían sido comidos por entero.

-Usted no se preocupe, mande los barcos a pescar que no les pasará nada…-me decía el sargento.

-Es así señor Domínguez, usted mande los barcos a pescar… -repetían los Sibilo.

-Sí, sí, - les decía yo – pero necesito un documento para cada barco diciendo que pueden pescar aquí legalmente…Es para que el seguro no me ponga reparos por considerar que pescamos en aguas prohibidas…-se me ocurrió decirles.

Hablaron los tres: los dos Sibilo y el sargento. Discutieron. Me dio la impresión de que el sargento no tenía autorización para otorgar licencia alguna. Pero finalmente accedió y me extendió dos impresos sellados, en los que decía que los barcos tenían licencia para operar libremente en aguas de Suriname por un periodo de un año. Al final respiré tranquilo. Así se hacían las cosas en ciertos países, sobre todo en los más pobres o en los menos controlados.

-¿Me puede regalar su portafolios, señor Domínguez?

Vacié los documentos en una bolsa de plástico y le entregué el portafolios de fina piel, regalo de mi esposa, al más joven de los Sibilo que me lo había pedido. Al día siguiente cogí el avión de vuelta a Port of Spain, le entregué las licencias al "Columbus" y "La Caravelle" y ambos se hicieron a la mar el domingo 5 de abril de 1980, con una tripulación mixta de españoles y haitianos.

Nada más llegar "La Caravelle" a Suriname, para desembarcar un tripulante haitiano accidentado, cuatro de los tripulantes haitianos se negaron a salir a la mar y se quedaron en Suriname. El éxodo de haitianos a las costas de Florida, se extendía ahora a las costas de la antigua Guayana. Los haitianos trataban de mejorar su nivel de vida, huyendo de la pobreza de su semi-esclavitud a la menor oportunidad. En Trinidad no lo podían hacer, debido al control de emigración; pero en Paramaribo era diferente.

El día 7 de abril, el señor Berrouet me anunció que venía a Port of Spain, pues quería supervisar los acuerdos con la empresa de los Navarro y hablar de la posibilidad de venta de alguno de los barcos de SPIDHA (cuya necesidad yo le había sugerido), dada la precaria situación económica de la empresa, incapaz de mantener operativos los 8 barcos que habían adquirido con el aval del gobierno de Haití. Supe después que el señor Berrouet, por razones políticas de su cargo, también quería hablar con las autoridades de Trinidad & Tobago.

Pienso que el señor Berrouet se encontraba a gusto en el país hermano de raza. Daba la impresión que se sentía feliz de ver que los negros también pueden ser libres y prósperos y no sufrir las precariedades de Haití.

-¿Se da cuenta señor Domínguez de lo que significa tener recursos petrolíferos? Los negros somos capaces de vivir bien cuando disponemos de recursos…Somos iguales… Incluso los colores de las banderas lo son…¡je, je! Bueno, la de Trinidad tiene una ligera franjita blanca…

Claro que el ministro no comentaba las ventajas de la democracia para el reparto equitativo de los recursos petrolíferos. Yo tampoco tenía ganas de entrar en tal cuestión.

Los dos días que pasó el señor Berrouet en Trinidad, sirvieron para que nuestra relación ganase en confianza. Entre whisky y whisky se explayaba acerca de su relación con François Duvalier (Papa Doc), de quien hablaba con admiración. Berrouet había sido secretario de estado en los últimos gobiernos del gran dictador y, a tenor de su inteligencia y capacidad, no seré yo quien le incluya en la fórmula empleada por su admirado Papa Doc, de quien dicen que "reemplazaba a los técnicamente capaces, por los políticamente sumisos".

-Era duro pero era justo. Había que establecer la disciplina para mantener la independencia.- Decía el señor Berrouet hablando con devoción de Françoise Duvalier.

Yo no acababa de comprender como un hombre amante de su raza, cometiese tales salvajes tropelías contra sus congéneres negros. Podría incluso entenderse un odio hacia los blancos, amasado por todas las injusticias habidas desde el momento mismo del origen de la esclavitud, que había extirpado de sus tierras africanas a lo mejor de la negra. Pero ese afán por aniquilar cruelmente a todos los que no pensasen como él, a sabiendas de que la mayoría de los disidentes eran personas ignorantes y fácilmente influenciables, solo puede entenderse desde la perspectiva de un hombre ideológica y paradógicamente próximo al perfeccionismo fascista, incapaz de aceptar que los suyos pudiesen siquiera discutir sus decisiones. En una persona culta como lo era Françoise Duvalier, o eso, o una ambición desmedida de poder y de todo lo negativo que ello conlleva.

-¿Oyó hablar de los Tonton Macoutes verdad? Pues hay mucha leyenda detrás de esos voluntarios. No digo que sean perfectos, pero son el equilibrio entre los militares y el gobierno – pareciera que se estaba acordando del cruel fusilamiento de los 19 oficiales por traición al gobierno de François Duvalier, cuando él era un joven secretario de estado y tuvo que presenciar aquellas ejecuciones – Así es, señor Domínguez, los Volontaires de la

Sécurité Nationale (VSN) que el pueblo ignorante y subversivo llamó Tonton Macoutes, eran necesarios para ese equilibrio. Tal vez ahora haya que hacer una fuerza de élite que, aunque sea más o menos lo mismo, queda mejor visto de cara al exterior ¿No cree usted? – El señor Berrouet pareciera estar pensando en los futuros "Leopards" que él crearía al ocupar la cartera de Interior y Defensa Nacional.

-¿Por qué hay tanta pobreza en Haití, señor Berrouet?

-La agricultura está casi desaparecida. La desforestación acabó con la agricultura…además, el relieve y la composición de nuestro suelo no permite el arado, sino la azada. Aquí no hay tractores para efectuar las labores de siembre.

¿Sabe usted?, el ébano, la caoba, el guayacán, el maní, la guayaba, etc (qué aún podemos ver en algunas zonas interiores), son especies autóctonas. Muchos piensan que nuestras especies naturales son el café, la caña de azúcar o los plátanos… Pues no señor Domínguez, esas especies fueron introducidas con las diferentes migraciones, durante los tiempos de colonización… Sí, los bosques de Haití eran ricos. Antes exportábamos madera y ahora importamos formica…

-Pero usted es el ministro de Agricultura…

El señor Berrouet me miró, tomó un nuevo trago de whisky y, después de una pausa:

-Verá amigo mío, nuestro presidente es muy joven y es posible que no esté bien asesorado…espero que algún día eso cambie… el poco dinero que viene para la repoblación forestal es desviado para otros fines…

-Y ¿la ayuda internacional? – inquerí.

El ministro Berrouet sonrió.

-La ayuda extranjera, desde el boicot de 1960 (a nadie le importó que se produjese un boicot económico a un país ya hambriento como el nuestro), porque el presidente Duvalier se negó a la petición de los Estados Unidos para colocar una base radar frente a Cuba, es casi inexistente; y la poca que viene, nos hace más daño que si no existiera…tenemos pollo de granja más barato que el que nosotros podemos criar…el maíz que nos envían hace que los nuestros no lo cultiven…las judías, todo. Teníamos la banana pero la United Fruits, a la que no dejamos que absorbiera nuestra producción, nos mandó una plaga que hizo que nuestros frutos creciesen enanos y carentes de valor comercial… ¿no me cree?, pues es así. Pregunte a cualquier productor por la enfermedad llamada "mal de Panamá".

Me di cuenta de que el señor Berrouet tenía una serie de criterios con los que intentaba tapar cualquier responsabilidad propia convirtiéndola en ajena. Pero tampoco era difícil intuir que no estaba contento con Baby Doc. Y por ello, también empecé a pensar que el pueblo pronto se daría cuenta de que era posible echar al dictador de aquella cleptocracia.

Seguro que el ministro Berrouet sabía que aquel despilfarro no podía continuar. Un presidente playboy que delegaba todo en sus asesores y familiares y que, aunque teóricamente cobraba 24.000 USD al año, todos sabían que deturpaba otro millón y medio de las ayudas internacionales y varios millones más de los controles aduaneros, acabaría por ahogar aún más si cabe a su esclavizado pueblo. Y además, cuando el presidente que no presidía se apropiaba de tal fortuna ¿qué no harían los de la camarilla que le rodeaba?.

Haití, fue el primer lugar del mundo en que la población de esclavos se rebeló y abolió la esclavitud en el año 1802. Acaudillados por el esclavo labrador Dessalines, los haitianos negros rompieron con la metrópoli, rasgando la bandera tricolor francesa echando la parte blanca al mar de la orilla de Gonaives, creando así Haití su bandera azul y roja. Posteriormente, al diseñar el escudo haitiano, se incluyeron las mismas palabras de la Revolución Francesa: Liberté, Égalité, Fraternité, y una frase propia que trataba de reforzar su incipiente independencia: "L'union fait la forcé".

Ese glorioso pasado se merecía mejor suerte. Ahora pocos quieren recordar que fue el presidente haitiano Alexander Pétion, quien prestó hombres, armas y pertrechos a Francisco de Miranda y a Simón Bolívar, para que, una y otra vez, intentasen conseguir la independencia de los países bolivarianos: Venezuela, Ecuador, Bolivia y Panamá.

Son dignas de recordar las sentidas palabras de Pétion en Jacmel, al despedirse de Simón Bolívar: "*Pido a usted que, cuando llegue a Venezuela, su primera orden sea la Declaración de los Derechos del Hombre y la libertad de los esclavos*"

-¿Sabe usted señor Domínguez? Nuestro país nunca fue bien visto por el hecho de haber sido el primer país negro en declararse independiente. Fuimos los primeros rebeldes. Mucho antes que Simón Bolívar y O'Higgings, ya nuestros libertadores luchaban por la independencia.

¿Oyó usted hablar del general Cappoix?

Ante mí gesto negativo, continuó:

-Normal. Hay historias que no le interesan a nadie más que a los haitianos…-dejó caer con cierta amargura el señor Berrouet- Espero no aburrirle con mis relatos…

-¡No, no, en absoluto!

-Bien, porque es de justicia reconocer que sin el general Françoise Cappoix, el héroe de la batalla de Vertières, el 18 de noviembre de 1803, hoy no existiría Haití y tampoco la Rep. Dominicana. ¿Sabe usted señor Domínguez?, el 1 de enero de 1804 toda la isla se llamaba Haití y como tal se proclamó en Gonaives, como ya sabe, después de la derrota y expulsión de los franceses. Y gran parte de aquella victoria se debió a Cappoix, de quien dijo el poeta: *"Capoix, le justicier que Dieu moula d'airain"* Se ha escrito una hermosa biografía del general Françoise Cappoix. No se preocupe, yo le conseguiré ese libro.

-Gracias. Y sobre todo, señor Berrouet, gracias por su ilustración acerca de Haití.

No tardó el ministro en hacerme llegar un rústico ejemplar de la obra editada en 1956 y que, por supuesto, conservo, en el que efectivamente se hace alusión a la poética frase: "Capoix, el justiciero que Dios moldeó en bronce"

El señor Berrouet se había sumido en una de sus característicos y significativos silencios, con el ceño fruncido, como si algo le corroyese y sintiese la necesidad de echarlo fuera.

-¡Cuánto daño nos han hecho señor Domínguez!... Todo es falsedad e hipocresía…

-¿A qué se refiere señor Berrouet?

- Estoy recordando las palabras de aquel secretario de estado americano bajo la presidencia de Thomas Jefferson, un racista llamado Madinson y lo que dijo en 1804, después de que la independencia de Haití se convirtiese en una realidad...

-¿Y?

-Pues ni más ni menos que dejó plasmado el pensamiento que, en parte, todavía subsiste en la mayoría de los dirigentes americanos: "La existencia de un pueblo negro en armas, es un espectáculo horrible para todas las naciones blancas... Evitemos que su mal ejemplo se disemine".

El señor Berrouet había cargado enfáticamente sobre la palabra negro.

Como veía que el ministro tenía ganas de hablar y la verdad que su conversación era amena e ilustrativa, quise continuar y le pregunté:

-La primera constitución fue la francesa ¿no?.

-Cronológicamente, la primera fue la de los Estados Unidos. La francesa fue la más aperturista, la más revolucionaria y la que más favoreció nuestras reivindicaciones independentistas. Pero lo más importante fue la promulgación de los derechos del hombre por el primer parlamento francés en 1789, dos años antes de la constitución francesa. ¿Sabe por qué?

Ante mi negativa, el señor Berrouet continuó:

-En aquel parlamento se estableció la "igualdad para todos" (...) "incluso la gente de color nacida en las colonias francesas". Cuando los esclavos se enteraron, ya no hubo quien los parase; y pronto vino la primera Constitución haitiana de 1816, que tiene dos principios fundamentales, claros y fáciles de entender; sin rebuscamientos que puedan prestarse a confusión:

"No hagas a otro lo que no quieras para ti mismo" y,

"Haced siempre al prójimo todo el bien que queráis recibir".

¿Le gustan señor Domínguez?.

- Pues sí. Me parecen simples y suficientes.

- Pues esos son mis principios.

- No sé qué opinará usted, pero, según me cuentan, la justicia funciona bastante mal- dije yo en mala hora.

La cara del señor Berrouet volvió a mostrar aquel gesto de dureza que denotaba sentirse molesto y con ganas de agarrarme por el cuello, de no ser porque era consciente de que había que cubrir las formas.

-Ha vuelto usted a estar con sus amigos del Hotel Oloffson ¿verdad?

-Pues no. La verdad es que lo escuché en una de mis comidas en alguna embajada que los jueces eran nombrados por el presidente y por un periodo de seis años – creía yo que al hablar de las embajadas, respetaría más mi comentario.

-¡Pues dígales a esos don nadie que también en la mayoría de los países que ellos llaman democráticos, el fiscal general es nombrado por sus gobiernos! ¡Incluso en los Estados Unidos!

Debo reconocer que el viejo zorro político era capaz de rebatir, por las buenas o por las malas, cualquier argumento que yo pudiera hacer. De manera que asentí a su razonamiento, aunque distaba mucho de compartir la comparación. No me atreví a contarle la conversación que había mantenido con el comisionado de los

Derechos Humanos acerca de Fort Dimanche. Estoy seguro de que ya había sido informado por el detective Orcel.

Creo que en mis 15 meses en Haití, no llegué a conocer bien del todo al señor Berrouet, a veces encantadoramente humano y otras atemorizadoramente cruel. Era como si un sentimiento de falso patriotismo le sirviese para justificar cuanto en su país sucedía.

XX

De vuelta en Haití, vino a verme al hotel "El Rancho" el señor Garnier. Lo noté contento porque hubiéramos llevado los barcos fuera de las aguas de Haití. Era un profesional preocupado por los recursos pesqueros de su país. Nunca me pedía nada, pero yo sabía que venía a agradecerme el complemento mensual de su salario. Tomamos un refresco y, para entablar conversación, además de la natural curiosidad de cualquier extranjero que visita Haití, le pregunté si creía en los zombi…

-*Oui*. Desconozco con exactitud como lo hace el *bokor* pero lo cierto es que hay personas que habiendo muerto vuelven a la vida para ser sometidos como esclavos…

-¡Bueno, bueno!… Yo estuve en con el señor Berrouet en la zona arrocera de Gonaives y él me señaló un hombre como un zombi…La verdad es que impresionaba…Pero ya me explicará cómo hacen para que mueran y ser resucitados…y que, mientras tanto nadie les identifique…

-¡Oh, sí! Dadue cree y sabe mucho de los zombi y del vudú. ¿Ve cómo es verdad? él se lo dijo ¿no?…

-No me dijo como lo hacían esos… ¿cómo dijo? … *bokor*…Y les llamó desalmados…

-Claro que no son gente buena. Al parecer a las personas que quieren convertir en zombi, le provocan una catalepsia temporal que luego les produce una amnesia permanente…Ellos sienten pero no padecen…Unos polvos venenosos les inducen a una muerte aparente…¿sabe? Dicen que sacan el veneno de los ovarios de la hembra del pez globo…

-¡Coño! Yo he tenido pez globo en mis manos alguna vez…

El señor Garnier se reía y continuó:

-No creo que sea venenoso solo por el contacto…Como le decía, entierran al supuesto muerto delante de los familiares y otras personas que acuden a las exequias y, cuando todos se van, el *bokor* los desentierra y les administra un contraveneno que hace que las capacidades psíquicas del individuo queden anuladas y sin voluntad propia. Tan solo obedecen los mandatos del *bokor*.

- Y usted ¿conoce algún caso?

-¡Uf! De oídas algunos. Pero, de los avalados por la ciencia médica, se de uno que incluso tenía una herida en la cara, producida por un clavo al clavar la tapa de la caja…¿Habrá usted oído lo de Clarvius Narcisse, no?

-¡Joder! Creo que sí…- ya me estaba imaginando el clavo atravesando su cara a golpes de martillo…

-¡Oh sí! Seguro que lo ha oído y lo habrá visto en la TV. ¿Recuerda?, fue a mediados o finales de enero…tres doctores lo habían declarado muerto varios años atrás y apareció semidesnudo, paseando por la calle, cerca del cementerio de Teté Boeur… Para evitar confusiones, se abrió su tumba y en ella no había más que piedras… Y no lo identificaron antes porque él no era de Port au Prince, lo habían traído de otra localidad, creo recordar que de Hinche. Y sus familiares lo encontraron por casualidad cuando él habló de su pueblo y decía que había estado muerto y daba su nombre…

-O sea que se acordaba de su nombre y de su lugar de origen…

-Es que, al morir el *bokor* y no recibir la pócima, recuperó un poco la consciencia…

-¡Joder!- exclamé de nuevo - …Sí, sí, ahora recuerdo que algo de eso se habló en una cena en la embajada de España…¡Bueno, bueno! Vamos a dejarlo…Lo que sí me gustaría es asistir a una verdadera sesión de vudú. He visto el espectáculo que hacen los viernes en el hotel, pero quisiera ver algo más auténtico, si fuera posible.

-¿Está usted libre mañana señor Domínguez?

Así es como asistí a una verdadera sesión de vudú en una cabaña de los alrededores de Jacmel.

Después de recorrer unos 40 kms desde Port au Prince, por una carretera bien asfaltada y recién estrenada, llegamos a una aldea en las proximidades de Jacmel. No recuerdo su nombre. Estaba entre cocoteros, aunque se notaba la fuerte desforestación debida a la obtención de carbón vegetal. Las pequeñas casas eran de adobe, con la típica cubierta de cañas y hojas de plátano. Algunas estaban pintadas con llamativos colores, entre los que predominaban el rojo, el azul y el amarillo. Las puertas de la mayoría de las viviendas estaban decoradas con figuras de personas y plegarias dirigidas hacia las divinidades. Serían alrededor de las nueve de la tarde. Pronto oscurecería. El señor Garnier conocía bien el lugar y no tardamos en encontrar la cabaña en donde se celebraría la sesión de vudú. En un árbol que formaba parte de la construcción, había colgadas cabezas de diferentes aves, entre las que pude distinguir gallos o gallinas. Me pareció que algunas estaban secas. También había un muñeco de trapo, pero no estoy seguro si estaba atravesado por agujas o no. Entramos. El señor

Garnier era negro y por ello no pusieron objeción de que yo
entrase. No se trataba de un espectáculo a semejanza de los que
se podían ver en el Hotel El Rancho cada jueves por la noche. Iba
a asistir a una ceremonia real.

Las personas se sentaban alrededor en el interior de la cabaña.
En el centro no había nadie. Tres hombres con grandes tambores
empezaron a percutir lentamente. Aunque permanecíamos en
perfecto silencio, el señor Garnier me iba ilustrando acerca de
algunas cosas:

-Verá que los tambores son tres. Son los tambores sagrados
cubiertos con piel de buey.

Varias mujeres vestidas de blanco, empezaron a danzar. La
música de los tambores iba in crescendo. Algunos hombres bebían
de una botella y alguna de las mujeres también. Al terminar de
beber la dejaban en el suelo. Los tambores percutían cada vez más
fuerte. Las mujeres danzaban cada vez más fuerte. Se contoneaban
y se dejaban casi caer al suelo de tierra, señalando y tocando unos
símbolos dibujados en el suelo.

-Son los símbolos *vèvè*. Se trazan en el suelo con la mano, con
cenizas o con harina. —me comentaba con voz casi inaudible el
sr. Garnier.

Una de las mujeres, la que más se contoneaba, fue rodeada por
las demás. La del centro de aquel coro, con sus ojos en blanco y
que parecían salírsele de las cuencas, seguía danzando. Las que le
rodeaban, lanzaban apagados gritos guturales, elevando sus bocas
y manos al cielo a modo de plegarias, al tiempo que batían palmas
y hacían como si quisieran agarrar y sostener a aquella mujer que
parecía desmembrarse. El sonido de los tambores aumentaba hasta

hacerse casi insoportable. Alguien trajo una gallina de cuello desplumado pasándola de mano en mano, hasta la mujer que, ahora, en lugar de contonearse, se iba mostrando cada vez más rígida en sus movimientos. La mujer agarró la gallina con fuerza y, de un mordisco, le desgarró el cuello, haciendo que el chorro de la sangre del animal bañase su blanco vestido.

El ave aleteaba cada vez más lentamente. La mujer la soltó y a mí me llegaron unas salpicaduras de su sangre. De pronto se produjo algo insólito: aquella mujer empezó a convulsionarse y se quedó rígida en el suelo, dando pequeñas sacudidas mientras soltaba por su boca algo que debía de ser sangre de la gallina. Sostenida en lo alto por las otras mujeres, parecía una tabla de rígida que estaba, mientras era transportada hasta desaparecer de nuestra vista, y seguramente llevada al exterior de la cabaña. Los tambores dejaron de sonar.

Nos pasaron unas botellas para que bebiéramos a morro. El señor Garnier creo que hizo como si bebiera. Yo no quise probar.

-¿A qué o a quién iba dedicada esta sesión de vudú?- pregunté nada más salir de la cabaña todavía impresionado.

-Era una sesión animista que el *houngan,* el sacerdote vudú, dirigió buscando el favor de la naturaleza para una familia que se lo había pedido.

-¿Y la mujer que entró en trance, señor Garnier?

-Era una de las *hounsis* que, en la práctica ritual de hoy, mejor se prestaba para interceder ante el *Grand Maître.*

-Pero ¿le puede pasar algo?

-Tardará en recuperarse, *mon amí.* Aunque debe pensar que en el vudú, incluso la muerte no es fúnebre…Hay una vieja creencia que dice que los haitianos tomarán de nuevo el camino de la "Guinin", para descansar plenamente, en el lugar de dónde habían sido arrancados. Como habrá adivinado, "Guinin" no es otro lugar más que la Guinea; de la triste Costa de los Esclavos de donde todos procedemos…

-Por cierto, señor Garnier, en Guinea Bissau es en donde están operando los otros seis barcos de la flota de SPIDHA.

Aunque era de noche, cuando el jeep del señor Garnier maniobró para dar la vuelta, al proyectar las luces hacia la cabaña, pude ver que el muñeco de trapo no estaba en el árbol.

XXI

Al llegar de vuelta al hotel "El Rancho", tenía una invitación para asistir a la despedida de soltero del presidente Jean Claude Duvalier. Sería en la sala de fiestas "Cabane Choucoune", cerca de la carretera que conduce a Kenscoff, uno de los pueblos habitados más elevados de Haití, en donde todavía se pueden ver hermosas mujeres negras con ojos verdes o azules, influencia de bretones de la colonización francesa.

No lejos de allí, dentro de la cordillera llamada Chaîne de la Selle, se encuentra el pico más alto de Haití, con sus agradablemente fríos 2680 metros de altitud. En esa sierra, frontera con la República Dominicana, cuentan que en tiempos no muy lejanos, los colonos blancos de ese país se dedicaban a la caza a tiros del negro haitiano…

Volviendo a Cabane Chucoune, era esta una enorme sala de fiestas, construida a modo de cabaña circular. En uno de los lados, habían montado una especie de palco, en el que se situaban varias autoridades, en el centro de las que se encontraba Jean Claude y su futura esposa Michèle.

A todos nos sorprendió verles juntos en una despedida de soltero pero, al parecer, se trataba de una puesta en escena para que el pueblo viera como la futura primera dama se codeaba con el pueblo, aunque aquel pueblo fuese previamente seleccionado. Bailó Michèle con alguno de los presentes y al poco desapareció. Tampoco tardó en marcharse el Président á Vie.

Yo volví al hotel un poco después; aunque la consentida algarabía que se desencadenó hasta altas horas de la madrugada, fue muy comentada entre mis confidentes: Léase personal del hotel; en donde, después de año y medio, me trataban como uno más de la casa.

La boda que siguió a los muchos actos lúdicos que en Haití se produjeron, fue algo espectacular. Se casó un martes, 27 de mayo. Los festejos populares, los fuegos artificiales, las flores para engalanar la catedral de Port –au – Prince y el palacio nacional, traídas de Estados Unidos y que ascendieron a 50.000 USD, más la boda con cientos de invitados (entre los que no estaba yo), superaron los 3 millones de dólares. Más tarde, la decoración y las obras realizadas en el palacio, ascendieron a 4 millones de dólares. Si lo valorásemos en la moneda artificial haitiana, ésta sola cantidad ascendería a 20 millones de gourdes que, de acuerdo con los salarios de entonces, equivaldrían al sueldo mensual de 200.000 personas.

Pero lo que a la guapa, ambiciosa y orgullosa Michèle le importaba era el glamour. Se había casado con un hombre al que menospreciaba y pronto sería capaz de hacer de él aún más monigote de lo que desgraciadamente era. Pero Haití tenía que seguir siendo una fiesta y ella se las ingeniaba para que el mundo supiese que ella, Michèle Bennet, era una primera dama; de Haití, pero una primera dama capaz de invitar a la mismísima Farah Diba Pavlavi.

Una tarde, el hotel El Rancho se llenó de periodistas, fotógrafos y curiosos. Acababa de llegar Miss Universo 1979: la venezolana Maritza Sayalero Domínguez, que se hospedó en mi hotel, en donde tuve el honor de hablar con ella y contarle historias de Haití, durante los tres días que pasó en la isla. Eran 19 años de mujer espectacular, bellísima y muy humilde en el trato. Venía con una dama de compañía americana que la cuidaba en demasía:

-No te expongas al sol. No bebas eso. Ven que tenemos que hablar (cuando consideraba que dedicaba demasiado tiempo a alguien), no te bañes que tienes que posar, etc.etc.

No creo que alguien de 19 años pueda ser feliz representando semejante papel. Tal vez la felicidad radique en conseguir el título y que al poco tiempo acude el hastío. De casualidad, coincidimos cenando en el restaurante "La Lanterne" que entonces estaba de moda. Yo estaba solo y ella con un tropel de personas, entre periodistas y personajillos haitianos. Me saludó con un leve gesto que parecía decir ¿qué le vamos a hacer? Yo me marché enseguida para no salir en una de las múltiples fotografías que allí se disparaban. Maritza era demasiado natural para tanta parafernalia y, poco antes de marchar, me dijo que estaba deseando que terminase su mandato. Además, se había enamorado de un tenista que luego sería su esposo.

XXII

También en esos días, al igual que las moscas a un pastel, se acercaron por Port au Prince los señores Luis Gómez –Acebo, duque de Badajoz y Celso Barreiros. Nada más llegar, después de tumbarse en unas hamacas de la piscina del hotel, luciendo el primero un llamativo cadenote de oro, tomaron un *wellcome drink* y a continuación me pidieron algo de dinero de SPIDHA. Yo tenía una caja de seguridad en el hotel y les entregué dos mil dólares. Como habían visto el Rolls gris plateado perteneciente al señor Silvera y que siempre estaba en la puerta del hotel, me preguntaron si podían utilizarlo para darse una vuelta por Haití. Así se lo hice saber al señor Silvera, el dueño del hotel como queda dicho, quien accedió gustoso a ello, siempre que fuese conducido en todo momento por su chofer particular. El señor Silvera tenía el hobby de coleccionar coches de lujo; entre ellos un porche carrozado por Pininfarina, con la inscripción: "Espécialemente conçu pour M. Silvera".

Al día siguiente me preguntaron si había casino en Port au Prince. Les contesté afirmativamente y me pidieron que les llevase allí. El casino estaba al final del Blvd. Harry Truman siguiendo hacia el sur. Yo había estado allí en una ocasión anterior y conocía a uno de los crupier encargados de la única mesa de ruleta del establecimiento. Era un cubado exiliado, muy amable. Discretamente le presenté a mis acompañantes y, cuando a modo de información le dije que la familia del señor Barreiros era dueño de un casino en Mallorca, el buen hombre abrió los ojos con gran interés. Al presentarle al Duque de Badajoz, parecía que los otros jugadores de la mesa ya no contaban. Entre un "Ille ne va pas" y otro, don Celso le dejaba entrever la posibilidad de que el crupier trabajase para ellos en Mallorca.

-¿Verdad señor Domínguez?

Y yo, acallando mi conciencia, de manera vergonzante contestaba:

-Sí, sí...

Yo gané 200 USD y mis acompañantes unos 1.200. El crupier nos indicó que lo dejásemos y regresamos de vuelta al hotel. Al día siguiente me acerqué al casino para hablar con el crupier y decirle que no mantuviese esperanza alguna de trabajar en el casino de Mallorca. Pero el crupier había sido sustituido por otra persona. No pude indagar demasiado, pero mucho me temo que le hubieran despedido y me sentí avergonzado.

Afortunadamente los dos bon-vivants (en esta ocasión bien podría decir los tres), se marcharon pronto. Yo les acompañé al aeropuerto François Duvalier. En la sala vip coincidimos con mi conocida Maritza Sayonara. Al ver que nos saludábamos amigablemente y sabiendo que se trataba de Miss Universo, quisieron que se la presentase. Tampoco su dama de compañía puso objeción alguna, al ver que estábamos en la sala vip:

-Maritza, quisiera presentarte a los consejeros de mi empresa, el señor Barreiros y al duque de Badajoz.

-¡Hala! ¿Un duque de verdad?

-Sí, sí, es duque de verdad, de España.

El señor Barreiros no me dejó terminar mi introducción y, adelantándose a mi presentación:

-Hola guapa, soy Celso Barreiros y mi amigo es el Duque de Cádiz…

-¡De Badajoz, Celso, de Badajoz, coño! – bramó el duque, aunque obviando decir que lo era por consorte…

Aquella ridícula pequeña confusión fue suficiente para romper el encanto de la presentación. Maritza se limitó a decirles hola. Posiblemente no creyó que fuese un duque. Yo le hice una mueca mostrando la vergüenza ajena que sentía en aquel momento, me despedí de ella y le desee bue viaje y mucha suerte.

No he vuelto a ver más a ninguno de los dos personajes, excepto en la TVE, para vergüenza de uno de ellos.

Está claro que el duque no habían aprendido nada de la fábula del vascongado. A mí me había servido para tratar de no volver a meter la pata, pues pronto pude confirmar que el autor de la fábula había sido Juan Eugenio Hartzenbusch; pero ellos viajaban sin cabeza. Como el fabulista nos contaba: "…hoy viajan así muchas personas…"

En las calles de Port – au – Prince, a la caída de aquella tarde, seguían los festejos de la boda de Michèle y Jean Claude. Un "Tap-tap" lleno de bulliciosos y sonrientes haitianos, esperaba a ser llenado aún más, mientras en su interior, a pesar del calor ambiente y humano, un grupo de jóvenes cantaba una estrofa de la pegadiza melodía Haïti Chérie: *Gen bon ti van ki bannou bon ti freché* (hay una buena brisa que nos refresca). Con aquel calor, el que no se consolaba era porque no quería.

El pueblo puede llegar a creer que los fuegos de luces forman parte de la felicidad colectiva, cuando no son más que brillantes engaños para que así lo crea.

XXIII

La tesorería de SPIDHA estaba bajo mínimos. Ya no había suficiente dinero para pagar las nóminas. Los dos barcos operando en aguas de Suriname, aún no habían vendido sus capturas. Hubo además varios contratiempos. El "Columbus" metió la red en la hélice y tuvo que venir remolcado por su compañero "La Caravelle" hasta Port of Spain.

-Monsieur Berrouet, tenemos que solicitar un préstamo para hacer frente a los próximos pagos de aprovisionamiento en Trinidad y para el pago de las nóminas.

-¿Puede pedírselo a CIEISA?

-No. Ya sabe que de Madrid nos están pidiendo la parte haitiana que está pendiente de pago…

El señor Berrouet puso mala cara. Los llamados "*dinosaures*" del antiguo régimen, entre los que ocupaba un destacado lugar el ministro Berrouet próximo a ocupar la cartera del interior y de la defensa nacional, empezaban a poner mala cara. Había varias razones para ello y, entre ellas, no les gustaban las formas que de manera tan despótica imponía la recién llegada primera dama. Hacía pocos días que había acabado el derroche de dinero de la boda. Así que es posible que no solo fuese mi petición la que le produjo cierto malestar. A saber cuánto dinero de las arcas del estado estarían pidiendo otros acreedores a cuenta de tantos caprichos suntuarios.

-¿Cuánto dinero necesita Sr. Domínguez?

-Según las cuentas que me pasan, y solo para pagos a corto plazo, serían necesarios 30.000 USD. El señor Philippe Lahens ya tiene conocimiento de esto.

-No meta al señor Lahens en esto.

-¿Para cuándo necesita el dinero?... Para ya, supongo...

-Pues sí. También tenemos que pagar los viajes para el próximo consejo de administración en Madrid...

El ministro Berrouet se acercó a la puerta de mi despacho. Habló algo con mi secretaria, la señorita Malebranch y al momento apareció su chofer.

-¿Está listo sr. Domínguez?

-Sí, sí, ¿A dónde vamos?

-Acompáñeme al banco.

Eran alrededor de las 12 del mediodía del miércoles 11 de junio de 1980. La Banque de la République d'Haití (BRH), estaba cerca, siguiendo la Rue Pavée.

Llegamos, cruzamos puertas sin permiso y entramos en el despacho del presidente del banco.

-Buenos días Monsieur... (no recuerdo el nombre del presidente del banco), este es el señor Domínguez, director general de la SPIDHA. Necesita 30.000 USD.

Al momento, el presidente del banco llamó a un subordinado suyo y los cuatro nos dirigimos a la caja fuerte central del banco. Llaves por aquí y por allá y, encima de una mesa, el subordinado empezó a contar billetes de 20 dólares hasta que sumó la cantidad de los 30.000 solicitados. Me dieron un papel a firmar. Firmé y el presidente del banco hizo una anotación al pie del documento. No hubo más trámite. De vuelta a mi despacho, el ministro Berrouet me dijo:

-He apostado mucho por esta empresa. Espero que pueda salir adelante Sr. Domínguez.

Yo hice una mueca dubitativa. Tanto él como yo, sabíamos que, por la sobrevaloración en la compra de los barcos, tal misión era poco menos que imposible siquiera su amortización. Se habían construido incrementando su valor para conseguir al menos el 150 por 100 del crédito a la construcción naval y se habían vuelto a inflar otro 150 por 100 como mínimo, para acogerse a los créditos a la exportación y para conseguir el máximo posible de las ayudas del BID (Banco Interamericano de Desarrollo). De hecho, en la operación de construcción y posterior exportación a Haití, además del Gobierno haitiano y el BID, habían intervenido otras entidades financieras que aguardaban obtener beneficios: Societé Generale de Banque en Espagne; Banque Europeenne de Credit; Banca Comercial Italiana; Societé General de Banque de Belgique; Samuel Montagu, Ltd, Banco Popular Español, Banco Exterior de España y Banco de Panamá.

Un verdadero encaje de bolillos solo al alcance de empresas como aquella CIEISA que yo conocí, capaz de colgarle el muerto de una parte de su flota pesquera a un país insolvente por exceso de rapiña.

Podía estar equivocada o sentirse engañada una entidad crediticia, pero no la totalidad de las ocho que aquí se relacionan, todas ellas involucradas en los créditos de aquella inaudita SPIDHA.

Y lo más cruel es que a todos ellos poco les importaban los pobres haitianos. Si había que exprimirlos, que los exprimieran, con tal de recuperar sus préstamos. Pero ya no había nada que exprimir a un pueblo incapaz de pagar tributos por falta de ingreso alguno. Y aquellos que los tenían – y muchos – se cuidaban de repartir un poco entre los miembros del gobierno, para evadir el resto con entera libertad.

XXIV

El lunes día 7 de julio, recibí una nueva invitación para cenar al día siguiente en la embajada de España: *"a las 19:30, sin corbata. Como se dice aquí decontracté"*.

Allá me fui. El calor era asfixiante y el aire acondicionado de mi Subaru no daba abasto, a pesar de que ya usaba una chaqueta de lino muy ligera, al igual que los pantalones y también ligeros zapatos de rejilla.

Me metí en un atasco fenomenal. La temperatura exterior debía rondar los 40 ó 45º C. Era la clásica temperatura húmeda y pesada que anuncia un gran temporal. El aire del Subaru no llegaba a nada. Salía caliente. Sudaba como un cerdo dentro del coche. Abrí las ventanillas a ver si la cosa mejoraba pero aquello iba a peor. Me armé de paciencia, hasta que finalmente se deshizo el atasco a base de fuertes bocinazos, gritos, amagos de pelea y risas. Los haitianos son gente amable y alegre. Y más les vale a los pobres.

Aún no eran las 7:20 de la tarde cuando fui recibido por el mayordomo de la embajada, quien me hizo pasar al salón. A pesar del atasco, era yo el primero en llegar. Tenía los sobacos como surtidores y la entrepierna del pantalón y parte del culo, mojados completamente. Para mayor inri, los calzoncillos que llevaba aquel día eran de color azul claro y, con la mojadura del pantalón, transparentaban hasta verse la nítida silueta. Miré a un lado y a otro y no vi a nadie. Me acerqué a un aparato de aire acondicionado que estaba en una pared a la altura de mi cintura.

Volví a mirar y allí no aparecía nadie. Me quité la chaqueta que dejé en una silla cercana; abrí la cremallera de la pretina y bajé los pantalones hasta los muslos, para que todo aquello se ventilase y secase. Naturalmente, yo estaba de espaldas a la sala y frente a la pared. ¡Uf! Qué gusto…

-¡Hola señor Domínguez! … Pero ¿qué está haciendo?...

Subí los pantalones todo lo aprisa que pude. Menos mal que eran holgados. Como estaba sofocado, en lugar de ponerme colorado, palidecí.

-¡Perdone! es que …¡puff! Lo siento…

Doña Francisquita, la esposa del embajador, se partía de la risa.

-No se preocupe señor Domínguez, pero eso se hace en el cuarto de baño de invitados. No se preocupe y venga, venga, es allí…

La cena transcurrió como de costumbre. La voz cantante la llevaba mister Jones, el embajador USA. Y la conversación transcurrió de nuevo comentando la situación de los rehenes en Teherán y criticando la actitud del presidente Carter. Los caprichos y derroche de la primera dama de Haití, tampoco faltaron en los temas de conversación. De forma jocosa se hablaba de los kilos que había perdido Jean Claude.

-Se los hizo perder Michèle- decían las señoras pensando tan solo en el necesario aspecto estético.

-Sí, sí…corroborábamos los hombres yendo por un camino más particular.

Ya en el jardín, con unos cuantos whiskys, le pregunté a mister Jones si le habían gustado los langostinos.

-¡Oh! Disculpe amigo. Estupendos. Pesqué cuatro guachinangos grandes y un buen red snapper.

-Disculpe, ¿pero estaban sabrosos?

-¡Oh, *excuse me my friend*! Los guachinangos se los di al personal de la embajada, pero el red snapper lo comimos mi esposa y yo...¡Muy bueno!

Ya no le insistí más, pues me di cuenta de que no quería los langostinos para comer sino para pescar.

-¡Vaya! – acerté a decir ciertamente molesto porque el embajador USA no hubiera valorado los langostinos. Y, para encauzar la conversación por derroteros menos banales, para sorpresa de los representantes diplomáticos, les comenté con bastante mala leche: -¿Saben? El otro día recibí la visita del señor Monroy, miembro de la Comisión Interamericana de Derechos Humanos y me contó lo que sucede en Fort Dimanche y otras cosas...

El malestar entre los presentes se hizo patente. Ese tema no interesaba o no era conveniente sacarlo en público. Tal vez eso contravenía la idea que los diplomáticos tienen acerca de la diplomacia. Enseguida salió al quite la esposa del embajador anfitrión:

-¿Saben que le pasó al señor Domínguez? ... ¿Lo puedo contar? – dijo la señora de Alzina, haciendo sonar una copa con una cucharilla, dirigiéndose a todos pero mirándome a mí.

Yo me temía que iba a contar lo que yo no quería que contase, pero aun así, le dije con una sonrisa:

-Bueno, cómo usted quiera...

Y así acabó aquella nueva reunión entre personas acostumbradas a vivir en un mundo ideal, dentro de la cruel realidad de una sociedad carente de todo, sin que su pobreza sin límites siquiera les tocase.

Regresé al hotel y pedí una copa, al tiempo de escuchar la última canción de aquella noche al trio de músicos a los que, después de tanto tiempo, ya les saludaba como a viejos amigos:

"Ayiti Toma se yon peyi ki mè chè"

Sí, la última estrofa de aquella canción decía algo así: "Querida Haití, un país tan querido para mí". Y, a pesar de la rutina, lo cantaban con sentimiento.

Al terminar, el guitarrista sacaba su colirio y, delante del público, él mismo se lo echaba con toda naturalidad.

XXV

Al día siguiente me puse en contacto con la empresa Navarro de Port of Spain, interesándome por la situación de los barcos que estaban en Suriname. La pesca de langostino no iba demasiado bien. Las capturas descargadas por el "Columbus" eran pocas y el crustáceo de pequeño tamaño y poco valor. Es bien verdad que a perro flaco todo son pulgas, pues por unas u otras razones, "Navarro" nunca pagaba el precio convenido por nuestras capturas. Tendría que buscar un mercado más ventajoso, pues con los precios de Trinidad o Madrid, no había manera de sacar rentabilidad a los barcos. Decidí regresar a Trinidad y analizar la situación en persona.

Yo ya había contactado con clientes de Puerto Rico y Miami. No creo que quedase alguno importante sin ser visitado. Pero me sentía desconsolado. Daba la impresión de que la miseria se contagia. Al decirles que los barcos eran haitianos (tenían el pabellón de Haití y era necesaria la certificación de origen haitiana para poder exportar), es como si confundieran la pobreza con la calidad.

-Pero hombre ¿qué hace usted en un país tan sucio?... Yo he visto como las gallinas andaban por las calles…

-Verá: los langostinos y el red snapper, no se pescan en las calles de Haití, sino con modernos barcos congeladores superiores a los tangoneros de setenta y dos pies americanos — me costaba trabajo razonar con aquella gente sin que se notase mi enfado ante lo que yo consideraba un insulto hacia...iba a decir mí país. Pues sí, claro que era *mí país*.

-¡Uhmmm! Sí, puede que tenga razón. Pero si les digo a mis clientes que es un producto haitiano, no lo quieren o pretenden que su precio sea muy inferior.

Así estaban las cosas y así era la vida. Si el langostino tenía origen de Trinidad, la cosa cambiaba. Allí había petróleo y asfalto para dar y tomar. La mayoría de los negros no padecían la penuria de los haitianos y no había gallinas deambulando por las calles... En lugar de ayudar, lo que el mundo hacía era poner otro pie en el cuello para que *mi Haití* no respirase. Y, aumentando mi boca con mis manos, me daban ganas de gritar: ¡Hombres negros de América, consumid langostinos de Haití ¡ ¡Ayudad al pueblo que os hizo libres!!

Pero no estaba yo para lanzar gritos, sino para templar gaitas.

Las tripulaciones estaban descontentas. El porcentaje sobre la pesca, el complemento salarial más importante, nunca sobrepasaba el mínimo garantizado. Tuve que convencerles para que continuasen hasta finalizar los respectivos contratos.

Por suerte, estando yo en Trinidad, llegó el "La Caravelle" con un aceptable cargamento de langostino que envié en un contenedor para CIEISA, después de discutir el precio y conseguir que lo equiparasen al que nos pagaría Navarro's. Pero el dinero de la venta y de las otras ventas, nunca llegó a SPIDHA. Hacían las cuentas en la mano: El Gobierno de Haití me debe tanto, con esto me debe menos...

Las tripulaciones carecían de anticipos para sus gastos personales en tierra. Al no venderle la pesca a Navarro's, ellos no adelantaban dinero alguno.

A falta de dinero, pues el de la Banque National de la République D'Haití ya se había gastado en pagos de gasoil, personal, viajes de avión, víveres y demás, tuve que echar mano de mi cuenta personal en el Royal Bank of Canada (RBC) y facilitarle a la tripulación el dinero suficiente para que, al menos, durante la estancia en Puerto España, pudiesen salir a tierra.

Aquella noche regresé al hotel a eso de las 11, después de haber salido con el capitán y el jefe de máquinas de "La Caravelle". Acababa de llegar a mi habitación. Me encontraba cansado. Más por la incapacidad para sacar adelante aquella empresa que por el trabajo o las copas que habíamos tomado. Sonó el teléfono:

-Señor Domínguez, tiene una llamada de Panamá, ¿se la paso?

-¿De Panamá?... Sí, sí, pásemela.

- ¿Domínguez? - Una voz ronca, con síntomas de excitación, estaba al otro lado del teléfono.

-Sí, ¿quién es?

-Soy Celso Barreiros, coño. Necesito que me haga un favor…

Eran las 11 de la noche pasadas. ¿Qué coño de favor se le había ocurrido a aquel hombre que le hiciera? A saber.

-Pues usted dirá…

-Necesito que me envíe 50.000 USD a una cuenta de Panamá, a mi nombre …

No le dejé terminar.

-Un momento, un momento. Verá, la empresa no tiene un duro. La mercancía la hemos enviado a CIEISA… Como no se los pida a Madrid…

-¡Escúcheme bien, haga lo que sea, pero yo quiero ese dinero!

-¡Pues escúcheme usted a mí! Acabo de anticiparles, ¡de mi dinero!, 10.000 dólares a la tripulación de "La Caravelle" para que pudieran salir a tierra, tomar unas copas y comprar los víveres y repuestos imprescindible para otros dos meses que van a estar en la mar.

La conversación se interrumpió. Supongo que al señor Barreiros, al ver que no conseguiría nada, no le interesaba seguir escuchando mis explicaciones.

Alguien de la tripulación de "La Caravelle" me informó de que Ricardo Portabales había vuelto a embarcar en un barco de CIEISA y que estaba operando en la zona de Panamá… Naturalmente, aquella información me molestó. No era un buen ejemplo para quienes conocían el mal comportamiento que el señor Portabales había tenido en Haití. Nunca llegué a conocer las razones por las que se volvió a emplear en un barco de la empresa CIEISA, a una persona que no había cumplido con su deber, en detrimento de sus compañeros de navegación.

Bien es verdad que este asunto era nimio comparado con la realidad de la situación: el negocio de SPIDHA no se había planteado en base al éxito de las pesquerías. El negocio ya estaba hecho desde el momento en que se vendieron los barcos, aprovechándose de las ventajas económicas de la exportación. ¿Que el Sr. Domínguez era capaz de hacer rentable una flota que había nacido con muerte ligada a la especulación?, mejor para todos. En caso contrario, borrón y cuenta nueva y que cada cual aguante su vela. O sea, que Haití y las entidades crediticias carguen con la deuda. Qué pena y que tarde me di cuenta. Por eso me retribuían tan bien… Con mi sueldo mensual se podrían pagar los salarios anuales de 30 trabajadores haitianos.

XXVI

La primera vez que me acerqué al norte de Haití y divisé la Isla Tortuga (*Latòti* para los haitianos), era un 24 de diciembre de 1979, durante mi primer año en Haití. Sentía la morriña propia de tales fechas y tenía que pasarlas solo. Ese mismo día de 1492, por la noche, habían desembarcado los españoles de la embarrancada nao "Santa María" en unas tierras desconocidas que los nativos llamaban "Quisqueya" y que Colón bautizó como "La Hispaniola".

Estuve allí en dos ocasiones más. Conocí Môle St-Nicolas, Port-de-Paix y Saint-Louis du Nord, en la punta más septentrional de Haití, cerca de la pequeña bahía de Cap Haitian (en donde Colón mandó construir el fuerte Navidad con los restos de la "Santa María"). Desde Môle St-Nicolas, límite más occidental del Estrecho de los Vientos, pude contemplar la majestuosidad de las ballenas jorobadas pasando tan cerca que casi les veía los ojos. Y desde cualquiera de las dos últimas localidades, es desde donde se puede ver con mayor nitidez la Isla Tortuga que no dista más de unos doce kilómetros. Lamento no haber tenido ocasión o quizás mayor interés en visitar la preciosa isla llena de bellísimas playas blancas y de las más crueles historias de piratas y bucaneros.

A medida que pasaba el tiempo de mí estancia en Haití, a mi mente acudía la imagen lejana de la isla de los piratas y no podía evitar relacionarla con el latrocinio histórico de las clases dirigentes de este país, empezando por sus presidentes y familia. También me imaginaba los crímenes y abusos de piratas, bucaneros, corsarios y filibusteros que no eran precisamente haitianos.

Porque, hablando de piratas, ¿en qué mundo me movía yo? ¿No eran acaso piratas las empresas que pretendían sacar provecho a sabiendas de la precariedad y ruina de un país? Y eso solo viendo lo que podríamos considerar peccata minuta dentro de la escala del pirateo… Porque ¿Qué decir de los préstamos de los países occidentales a países del tercer mundo como Haití? Pues, suponiendo que se trate de obra pública por ejemplo, el país prestatario está obligado a comprar la maquinaria al país prestamista y nutrirse de técnicos para manejar dicha maquinaria. Además, los trabajos deben realizarse bajo la supervisión del país prestador. Así, el importe del préstamo vuelve casi íntegramente al país que aparece como benefactor, mientras que el sufrido pueblo del tercer mundo debe devolver el préstamo íntegro más los intereses. Esta es una de las razones por las que no crecen los países tales como Haití. Y las clases pudientes enmascaran sus conciencias bajo la hipócrita excusa de que poco o nada pueden hacer.

Es verdad que la compañía SPIDHA, a la que yo prestaba mis servicios, no era más que un pequeño lunar en medio de semejante varicela. Pero era lo que yo conocía desde dentro del antro de piratería en el que me movía.

Nada se hacía gratuitamente y por casualidad. Curiosamente a dos de los barcos que me había tocado gestionar directamente, les habían puesto nombres relacionados con el descubrimiento: "Columbus" y "La Caravelle". A otros dos, por decisión del ministro

Berrouet, los bautizaron con apellidos de los verdaderos próceres de Haití: "Louverture" y "Dessalines", ambos libertadores.

El señor Berrouet era un enamorado de la figura del libertador Toussant Louverture. Tal vez era un romántico atrapado en la telaraña del poder. No creo que se lucrase más allá de pequeñas prebendas. También es cierto que su conciencia se había endurecido hasta el punto de considerar legítimo cualquier acción que preservase lo que él llamaba conciencia nacional de país.

-¿Sabe usted señor Domínguez lo que dijo James de Toussant Louverture?.

-La verdad es que no sé quién es James...

-Es un historiador de Trinidad y Tobago, autor de "Les Jacobins noirs". Todavía vive, creo que en Londres. Se lo recomiendo. Y dice de Louverture: *"Ningún otro hombre sólo fue más dotado que este negro"...*

Entre los nombres asignados a los barcos, a otro barco le pusieron "22 de Septembre", por la fecha en que Jean-Jacques Dessalines declaró la independencia de Haití, proclamándose emperador bajo el nombre de Emperador Jacques I en 1804. Otro, como "Le Griot", al parecer se refería al nombre que se le da a los contadores de historias del África Occidental... Aunque también se trata de un típico plato local a base de cerdo. Los haitianos sienten añoranza del – según dicen - desaparecido y resistente "cochon creole" natural de la Hispaniola y que fue el origen de los bucaneros: hacedores del producto curado del cerdo y conocido como *bucan*, para más tarde convertirse en peculiares piratas de la isla Tortuga.

Como puede verse, la operación estaba pensada hasta en los más mínimos detalles. Ningún haitiano pondría objeciones (si tuviese libertad para ponérselas) a una flota que llevase nombres de sus queridos libertadores o de sus símbolos populares. Aunque es curioso que ninguno de los barcos fuese bautizado con el nombre de Cappoix, el famoso esclavo rebelde haitiano.

En aquel viaje desde Trinidad, había regresado a Port au Prince con los ánimos bajos y con la idea de informar al señor Berrouet y a CIEISA de mi intención de dejar SPIDHA.

Y tal como suele suceder cuando alguien piensa que no va a volver a un lugar, empecé a pensar en las cosas que todavía me quedaban por ver en Haití. ¡Vaya! ¡Aún no vi una pelea de gallos! – me dije – y pregunté en recepción en donde podía asistir a una. Como cada domingo por la mañana había peleas de gallos en cualquier pueblo y una más importante en la ciudad de Port au Prince. Un chofer al servicio del hotel, me llevó a la "gaguère".

En un círculo central de arena de color rojo como la sangre, rodeado de un muro de cemento de un metro de alto y de color negro, se mataban los pobres gallos entre sí. El bullicio y los gritos de ánimo de los apostantes y vendedores de "borlette" (lotería), llenaban el denso y maloliente ambiente. No me gustó aquel espectáculo y me fui de vuelta para escuchar al buen trio de humildes mariachi.

El chofer que me esperaba, me habló de la fiesta vudú que se celebra el 16 de julio.

-No está lejos Monsieur. A unos 60 kilómetros más o menos. El lugar se llama Saute d'Eau. En haitiano decimos "Sodo". Está muy cerca de Mirebalais.

-Muy bien. Vamos allá.

En Saute d'Eau, había una preciosa y abundante cascada procedente del rio Artibonite. Era la composición de un paisaje perfecto, con la frescura que proporcionaba la frondosidad del entorno. Al pie de aquella hondonada, no pareciera que se estuviese tan cerca del sofocante calor de Port au Prince. Todo estaba lleno de gente participando en aquella celebración folklórica, mitad católica y mitad relacionada con el vudú.

-Aquí se apareció la Virgen, al lado de una palmera que había allí –me decía señalando con el dedo hacia la cascada- ahora la palmera no está.

El lugar y la celebración, también se habían convertido en espectáculo para turistas. Tal vez fuese mi estado de ánimo, pero aquello que atraía a tanta gente, tampoco me convencía.

Le dije al chofer que me llevase de vuelta al hotel.

Una vez en El Rancho, cogí mi Subaru y me fui hasta el "Oloffson". Allí estaban los típicos de siempre, tratando de arreglar el país entre copa y copa de ron o de Bourbon. Aquella tarde me sonaba como despedida y me di cuenta de que no tenía ganas de debatir con el encargado ni con nadie sobre el sexo de los ángeles ni de otras cuestiones igualmente trascendentes…Tomé un refresco y me largué. Subí de nuevo a mí Subaru y me acerqué al castillo de Barbancour, en donde meses atrás, había estado con mi mujer. Allí siempre había algún que otro rosado extranjero tratando de apagar la sed y paliar el calor a base de ron. Y, en el suelo de la planta baja, casi siempre una blanca rosada y feliz mujer madura sentada en el suelo, medio colocada, con un fornido negro que le servía de soporte. Eran los maravillosos efectos del sabroso aguardiente, antiguamente llamado *rumbullión*, por lo de jaleo que provocaba.

Después de beber las doce variedades del inigualable ron que allí se fabrica, regresé al hotel y aquella noche la dormí de un tirón.

Era el mes de julio de 1980 y estaba a punto de pasar la experiencia que supone un ciclón tropical en un país carente de todo.

XXVII

Nada más tomar posesión del Palacio Nacional, la señora Bennett le dio un vuelco a todo, empezando por su esposo. Tan pronto como Jean Claude hizo pública su intención de contraer matrimonio con Michèle, su futura suegra abandonó el palacio y se marchó para su residencia de Pétionville: primer golpe de efecto de la guapa mulata. Al parecer, tampoco los miembros del gobierno quedaron al margen de su injerencia. Cuando el responsable de Hacienda le hizo saber (supongo que temerosa y prudentemente), que había que declarar los cobros y los gastos, por mucha primera dama que ella fuese, hizo que su marido despidiera a semejante entrometido.

Así iban las cosas en Haití. No es que antes fueran mejor, sino que ahora estaban menos repartidos los abusos y los beneficios que casi se concentraban en Michèle y su camarilla.

El punto que más le granjeó las antipatías de la mayoría de los "dinosaurios" afectos al régimen de François Duvalier, fueron los enormes gastos de la diva. Pensaban que las cosas podían hacerse pero guardando las apariencias. Eran tan elevados los gastos que mermaban la escasa disponibilidad económica del gobierno y, lo que era peor, no dejaban margen para los demás. Buscando algo bueno que podamos poner en el activo de la señora Bennett, destaquemos lo de poner a régimen a su marido y mantener fuera de palacio a su suegra y familia. Bastante se habían aprovechado ya.

Recuerdo que Simone Ovid, madre de Jean Claude, no gozaba de simpatías entre el pueblo llano. Se decía en Haití que a Mama Doc (todos heredaban lo de Doc, cuando solo le correspondería a Papa Doc, pues era el único verdadero "docteur"), en un arrebato de furia por algo que ella había dicho, su marido había mandado que le cortasen la lengua, pues a partir de aquel rumor nunca se la había escuchado hablar en público. No sé si eso es cierto. Si lo fue, ojalá el cruel dictador ordenase que se lo hicieran con anestesia...

Yo coincidí con Mama Doc una vez en la iglesia de Ste. Therese de Pétionville. Me miró (yo era el único blanco curioseando dentro del templo), creí obligado saludarla con un gesto de cabeza y ella, junto con dos compañeras, siguieron adelante. Y, en honor a la verdad, puedo asegurar que era ella la que iba hablando. En esa ocasión me dio la impresión de que no llevaba escolta. Aunque con el temor que inspiraba por lo que de ella se decía, ciertamente no la necesitaba.

Mi querida secretaria, la señorita Malebranch y su hermana, una original e inteligente pintora que firmaba como "ANDAPA", de la que conservo dos buenos cuadros, no tenían muy buen concepto de la tal señora Mama Doc. En cambio, para el ministro Berrouet ella era un ejemplo de honestidad y prudencia. Tal vez fuese un reconocimiento a lo que su marido había significado para él.

Ya vemos que la actual primera dama, la señora Bennett era derrochadora, caprichosa y ambiciosa; pero justo es reconocer que también era una mujer inteligente y preparada. Su esposo se dejaba guiar por ella en todo; e incluso en los eslóganes se veía la mano de Michèle que parecía querer que repitiera lo de: "Mi padre ha hecho la revolución política, yo haré la revolución económica" que, aunque sonase a sarcasmo por la falta de credibilidad que el pobre sujeto daba, para ella significaba romper con el pasado de su finado suegro y de su odiada suegra. Y, al parecer, Jean Claude se dejaba manejar gustosamente por ella sin necesidad de práctica alguna de hechizo ni de vudú para propiciarlo. Demasiada mujer para tan pusilánime hombre. Era de suponer que la cosa no acabaría bien para ninguno de los dos. Un país capaz de derrotar a las fuerzas de Napoleón, también lo sería de librarse de semejante pareja y camarilla.

XXVIII

Por reseñar algo positivo, a partir de la pompa de la boda, la incesante visita de figuras de la farándula y de la política rosa mundial, hizo crecer el turismo en Haití y algunos optimistas abrigábamos la esperanza de que las cosas cambiasen para mejor, claro, pues peor era poco menos que imposible.

Los restaurantes caros: "Gerard", "La Lanterne", "PT.Louvre", etc, por hablar solo de alguno de los de Port au Prince y Pétionville, estaban siempre llenos, al igual que la mayoría de los hoteles de lujo y sus correspondientes restaurantes.

Desde cualquiera de los hoteles: "El Rancho", "Ibo Lelé", "Montana", "Holiday", "Christofer", "Sans Soucí", "Oloffson", etc. salían excursiones para visitar Cap Haitian, Jacmel, Les Cayes, Jéremíe... Y aquellos que preferían el fresco de la alta montaña, tenían la posibilidad de desplazarse tan solo diez kilómetros para encontrarse en el fresco clima de Kenscoff, a 1.500 metros de altitud.

Playas increíbles otrora casi desiertas, como la incomparable "Chou Chou", en la costa noroeste de Haití o "Ibo Beach", con una pequeña isla de belleza inimaginable a 25 Km. de Port au Prince, a la que se accedía desde tierra firme en una pequeña embarcación a través de estrechos canales de un denso manglar, se encontraban ahora llenas de turistas y de cierto glamour. Pero había que cerrar un poco los ojos, para no ver aquellas mujeres haitianas lavando los platos y la ropa en las aguas turbias de un manso regato, cerca de donde se cogía la embarcación, en el delta del rio Artibonite.

-¿No hay animales peligrosos? – pregunté mientras iba con mi esposa y mis dos hijas en aquella frágil embarcación.

-¡Oh, no! únicamente el cocodrilo americano…Claro que solo atacan si se va a pie por los manglares…

Pues no, la verdad es que ni por asomos se me ocurriría – pensé echándole una cómplice ojeada a mi mujer.

-Pregúntale si hay serpientes…

El botero, entendiendo la pregunta, le contestó que *oui*; y ante la cara que puso mi mujer, mostrando sus blancos dientes con una sonrisa, añadió:

-*Mais ne sont pas toxiques.*

No creo que tal consideración dejase muy feliz a mi esposa.

Las visitas a las escasas ruinas históricas de Haití cobraban importancia. La espectacular "Citadelle de Laferrière", construida en la cima de una montaña en la región septentrional de Haití por el rey Henri Christophe, la fortaleza más grande del hemisferio occidental, era un hervidero de gente a pie o sobre los lomos de sufridos asnos utilizados para superar el largo y empinado acceso. Uno de los atractivos de esta fortaleza, más allá de su formidable estructura, era el del morbo de conocer desde donde se hacían saltar a los enemigos para que se despanzurraran contra el suelo desde 40 metros de altura. Y qué decir de las increíbles ruinas del Palais Sans Souci; el pequeño Versalles haitiano en donde el implacable rey Christophe organizaba sus fiestas y representaciones teatrales. Y un viaje a la isla de los piratas, a Tortuga, debía de ser ciertamente emocionante. Yo no tuve ocasión de tal experiencia.

También recuerdo las visitas que solía efectuar a las galerías de arte llenas de turistas y profesionales escultores y pintores, sobre todo naif: "Nader's", "Red Carpet", "Centre d'Art", "Hillside" y otras que no recuerdo, en donde se podían adquirir verdaderas obras de arte de Casimir, Giraud, Duffaut, Cedor, etc. estando los artistas presentes, ofreciendo su obra con humildad.

-Señor Domínguez, compre Casimir. Su naif se está cotizando muy bien en New York.

Y siguiendo la recomendación de la señora de Alzina, adquirí tres lienzos de dicho pintor (por no más de 120 USD de los de entonces), teniendo que reconocer que fue un total acierto. Uno representa una pelea de gallos llena de espectadores y el otro, un gentío, sobre todo mujeres: unas vendiendo en el mercado y otras portando voluminosos fardos en sus cabezas. El colorido de esos cuadros no puede ser más vistoso: rojos intensos, amarillos, ocres, verdes fuertes, blancos, más verdes y más rojos… Un sinfín de colores en donde el negro solo sirve para marcar puntitos a modo de pupilas y la firma de los autores.

Pero, a pesar del incremento de visitantes, los empleados de los hoteles, de los restaurantes, los choferes, artesanos de cualquier actividad e incluso los artistas, seguían cobrando lo mismo. Raro es el que sobrepasaba los 50 USD al mes. En cambio, el coste de su mísera vida subía al ritmo que también subían las fortunas de diez o doce familias privilegiadas. El pueblo, ante este aumento de turistas, estaba expectante pensando en una vida mejor que nunca llegaba.

Sin embargo, había algo con lo que los dirigentes avariciosos y felices con la afluencia de turistas, no contaban: junto con las divisas de los extranjeros, llegaban el conocimiento de mejores niveles de vida y bienestar, educación y sanidad. Ya no servían las proclamas de los dirigentes locales alabando las virtudes del pueblo haitiano y la defensa tradicional del "noirisme": la supremacía de la raza negra implantada por Françoise Duvalier en su lucha contra los explotadores blancos y, por extensión, hacer creer a su pueblo que su sistema de gobierno era mejor para sus vidas que el de los países con hegemonía blanca. No, no. Ahora, gracias al conocimiento de otros niveles de bienestar, la siempre latente rebelión empezó a cobrar más y más fuerza. Hoy era un incendio, mañana un atentado, una emisora de radio que habla claro, un periódico que se permite opinar de forma diferente y unos escasos universitarios que no comulgan con ruedas de molino. Ya pocos creen en las filtradas y censuradas noticias que les dan por la única tele. Los más sumisos y los que creen que la revolución no conducirá a nada, se convierten en "boat people", secuestrando barcos o tratando de entrar en las costas de los Estados Unidos, a bordo de cualquier artefacto que pudiera flotar.

Pero pronto llegó otra desgracia que hizo que los haitianos, por un tiempo, se olvidasen de sus reivindicaciones. Aunque fuese casi nada, lo poco que tenían los más necesitados, lo iban a perder después de paso del huracán "Allen".

-Señor Domínguez, he escuchado por una emisora de radio de Miami que se está formando un huracán.

-Y usted ¿qué piensa que debemos hacer señorita Malebranch?

-Creo que no sería conveniente coger el coche a partir del domingo...

-¿Está segura que va a pasar por aquí?

- Bueno, los americanos no suelen equivocarse mucho en estas cosas…

- De acuerdo, si las noticias se confirman, nos dejaremos estar en el hotel hasta que pase…Dígaselo a los demás, por favor… ¿Puede avisarme de lo que vaya conociendo señorita Malebranch? Seguro que usted se enterará mejor que yo…

Yo no había padecido ni visto los efectos de un ciclón tropical convertido en huracán. Pero los había estudiado como asignatura obligatoria en la escuela oficial de náutica y conocía, en teoría, la fuerza destructora que podían tener. Llamaría a Trinidad para enterarme si sabían algo, por si podía afectar a los barcos que estaban en Port of Spain o en Suriname. En cualquier caso, estaría a la espera de noticias de la radio, de la TV y de mi secretaria.

Me quedaría en El Rancho, siempre que al señor embajador no se le ocurriese organizar alguna fiesta. Así, a base de machacona insistencia, terminaría de memorizar la canción creole "Ayiti Cheri" que tan bien interpretaban mis amigos los músicos del hotel y que acabaría sorprendiéndome cantándola bajo la ducha.

XXIX

Poco he descrito a las mujeres y hombres haitianos. ¿Qué decir de ellos? Para mí, lo que menos importa es el variado tinte de su piel, pues se pueden encontrar desde el negro azabache al ámbar claro y al blanco mate. Lo que más me impresionaba de los haitianos era su forma de mirar. No era agresión lo que mostraban, ni siquiera desafío; era una mirada llena de porqués. En su fija y directa mirada tampoco aparecía la súplica, sino la pregunta: Sabiendo que venían de una lucha sangrienta y cruel y que habían superado mil y una confrontación con las fuerzas colonizadoras, ¿por qué estaban así? Lo de menos, como digo, era el color de la piel.

Recuerdo una ocasión, durante la breve visita que me hicieron a Haití mi esposa y mis dos hijas, que la reunión de trabajo con los miembros haitianos de la empresa se había demorado y yo había llegado tarde al hotel. Mi esposa, después del habitual: ¿qué tal la reunión?, a modo de curiosidad, me preguntó:

-¿Eran todos negros?

Y yo, aunque ciertamente venía cansado, ante la sorpresa e incredulidad de mi mujer, le contesté de forma natural:

-Pues, no lo sé…Bueno…, sí, eran todos negros…

Cuando una persona se integra en el entorno tal como yo lo estaba, cuestiones aleatorias, como puede ser el color de la piel, pierden su significado. Y como mi vida transcurría entre haitianos, yo estaba absolutamente integrado.

Lo más significativo etnológicamente de los haitianos, más allá de sus profundas miradas, es su forma de ser y manifestarse: suelen ser afectivos, con rica vida interior, imaginativos, con una gran sensibilidad, soñadores... No hay nada que defina mejor estas cualidades que la contemplación de su arte: el naif haitiano.

-Monsieur Domínguez, perdone usted el atrevimiento, pero a mi esposa y a mí nos gustaría mucho que viniese usted a comer un día a nuestra casa.

Mi familia se había ido para pasar unos días en Miami en casa de unos tíos y, posiblemente por eso, creo yo, los que me conocían, tal vez creían que estaba desvalido...

-Por favor, Christophe (era uno de los mozos de limpieza del hotel, que hacía un poco de todo, además de lavar los coches y al que solía dar propinas por lavarme el mío), usted no tiene porqué invitarme. Se lo agradezco de verdad, pero no tiene por qué hacerlo...

Vi que aquel hombre agachaba la cabeza, me sonreía tristemente y se alejaba despacio con su gastada bayeta que siempre llevaba en la mano. Me dio mucha pena.

-Christophe, escuche, he cambiado de idea. Sí, me gustaría mucho acompañarles a comer. ¿Les viene bien pasado mañana domingo que es su día libre?

Christophe me miró y pude ver que le acababa de hacer el mejor de los regalos. ¡Un blanco, Directeur Génerale de una empresa del gobierno, que se codeaba con el todopoderoso ministro Berrouet y le hablaba de igual a igual al rico dueño del hotel, había aceptado comer en su casa!

La experiencia resultó de lo más gratificante y, por primera vez, me puso en contacto con el pueblo de Haití en su verdadero entorno. El interior de su casa, por no parecer despectivo llamándola palloza, era lo más digno y lo más pobre que me podía imaginar. No comprendo cómo podía mantenerse tan limpia, al carecer de paredes alicatadas o recebadas y con el suelo de tierra pisada. El matrimonio tenía dos hijos de 10 y 14 años. El pequeño asistía a una escuela de la aldea y el otro había empezado a trabajar en el hotel ayudando al jardinero y haciendo de recogepelotas en la pista de tenis. La verdad es que él si me conocía pero yo no recordaba su cara. La esposa de Christophe tenía ese aspecto que suelen tener las mujeres que no aspiran a nada más en la vida pero que dan la sensación de que son felices así. Apenas sonreía pero mostraba un permanente gesto amable y sereno. Christophe sonreía continuamente. El pequeño de 10 años que se llamaba como su padre, me observaba con curiosidad. Le atraían mi reloj, mi guayabera bordada, mi pelo liso y supongo que también el color de mi piel. De vez en cuando abría la palma de sus manos, se las miraba y pareciera que las quisiera comparar con la blancura de las mías. Jugué con él a golpear las manos a ver quién las retiraba más rápido. Al principio me pareció que le ganaba, pero tan pronto como cogió confianza, llegó a ponerme colorado el dorso de mis manos. Todos nos reímos.

Nos sentamos a una mesa que habían dispuesto en el exterior de la casa, bajo una especie de rústica pérgola cubierta de espesas hojas de palma que, junto a los cercanos plátanos, palmeras, cocoteros, mangos y algún que otro flamboyán y veneradas ceibas de tronco espinoso, nos protegían del sol, haciendo que recordase aquella estrofa the Ayiti Chèri: *Anba pyebwa ou toujou jwenn bon lonbraj* (debajo de los árboles encontramos buenas sombras). También se escuchaba el agradable algarabío de algunos pájaros típicos de Haití: la cigua palmera y sobre todo el flautero, destacaban con sus cantos. En una zona húmeda, en el lateral más frondoso de la humilde casa, florecían unas bellísimas orquídeas fijadas a los troncos de los árboles. De vez en cuando, algunas personas y no pocos animales domésticos, gallinas, perros y un cerdo deambulaban por allí. Las personas venían a curiosear con imposible disimulo. Yo notaba que la familia estaba orgullosa de tenerme en su casa.

No quise llevarles nada, por temor a que lo que pudiese aportar resultase superior a las viandas que ellos me ofrecieran. Me equivocaba. La comida estaba buenísima: Para empezar, tomamos unas gambas sabrosísimas. Luego saboreamos un poco de arroz con judías y maíz molido, para chuparse los dedos. A continuación vino el "gruau": unos pedazos de puerco fritos y sazonados con pimiento fresco y picante, rodeados de *banane pésée* frito en aceite de girasol y arroz con "dion-dion", algo así como champiñón local. Los mayores bebimos ron con gaseosa. Cuando vi que los niños bebían agua de coco, directamente de unos cocos que el más pequeño había subido a cogerlos a un alto cocotero, yo también quise probar. No tomamos postre ni café.

Acabé como una boa y feliz por haber podido compartir una comida con una familia que era la imagen del 90% de las familias de Haití. En la sobremesa, Christophe y yo estábamos alegres por la ingesta de media botella de ron Barbancourt que a aquella pobre familia le debió costar una fortuna. De nuevo eché de menos no haberles llevado algún presente. Dios sabe el esfuerzo económico que tuvo que hacer aquella hermosa familia para mostrarme una inmerecida hospitalidad. Posteriormente, en los pocos días que me quedaban en Haití, traté de compensarles sin que se sintieran ofendidos.

Cuando ya me marchaba, unos niños se habían agrupado alrededor de mi coche. Miraban a la matrícula: Gouvernement D'Haiti. Y unos y otros comentaban admirados:

-¡*Zami papa Christophe, zami papa Christophe!* (es el amigo del papá de Christophe) – mientras el pequeño Christophe se me pegaba orgulloso.

XXX

No había razón para que Haití no fuese un destino ideal para las personas que buscaban la tranquilidad en una belleza paisajística incomparable y poco explotada turísticamente. Un país en donde aún era posible sentirse a solas con la naturaleza, a pesar de su densa población. Tampoco resultaba caro, en relación con los demás lugares del Caribe. Y por estas u otras razones, el caso es que el flujo de turistas iba poco a poco en aumento.

Es verdad que el turismo hacia Haití nunca fue un boom. Muchos se retraían de visitar el país negro. La postura anti dictadura y la lógica crítica sobre la violación de los derechos humanos durante el largo mandato de Françoise Duvalier, sin duda perjudicaban la afluencia de visitantes a Haití.

Pero esa condena y prédica anti gobierno haitiano, no pasaba de ser algo hipócritamente obligado y para cumplir y quedar bien en según qué foros internacionales; pues a pesar de las condenas, los gobiernos americanos desde Roosevelt hasta Carter (pasando por Nixon que, en relación al trato que deberían dispensar a los presidentes de los países de su entorno, solía decir: "a los demócratas un abrazo y a los dictadores se les estrecha la mano cordialmente"), todos le inyectaban a Duvalier un poquito de dinero para que su dictadura pudiera mantenerse. Los norteamericanos no podían correr el riesgo de perder el control del estratégico Estrecho de los Vientos, entre Haití y la isla de Cuba, si el país negro caía en manos de un gobierno comunista. Para ellos, cualquier tendencia socialista era y quizás lo sigue siendo, sinónimo de comunismo.

Pero aquel limitado pero exclusivo turismo que se había iniciado en los años 70, en busca de naturaleza, tranquilidad y precio, tendría su punto álgido al inicio de los 80, gracias a las restricciones comerciales y de todo tipo impuestas a Cuba por el gobierno americano y alguno de sus aliados. Así que, por todo ello, y por la emergente libertad y desinhibición del individuo en el rico mundo occidental, había nacido otro turismo masivo que a Haití le traería más desgracias que ventajas: el turismo sexual.

Los jóvenes y atléticos hombres haitianos eran altamente deseados por las blancas mujeres maduras, procedentes de blancos países occidentales. Casadas o solteras, solían viajar de dos en dos. Estaban nueve días en Haití y salían saciadas y satisfechas de un pagado y bien dotado sexo varonil, del que quizás carecían en sus respectivos lugares de procedencia. Canadienses, norteamericanas y francesas – tal vez por este orden – copaban los lujosos hoteles de Port au Prince, Pétionville y Cap Haitian, a donde, como selectas moscas, acudían los machos profesionales.

También hombres deseosos de satisfacer sus apetitos sexuales con las dóciles y esculturales jóvenes y púberes haitianas, encontraban allí un filón. Y, si lo preferían, podían saciar sus apetitos con chicas profesionales procedentes de la Rep. Dominicana, blancas, mulatas y negras. Tampoco la droga – aunque prohibida – era difícil de conseguir.

Y los homosexuales y bisexuales, encontraban buenas parejas con las que solazarse y llenarse de placer. También estos solían venir de dos en dos. Normalmente blancos. Y algunas veces esos dos se convertían en tres, con un tinte de color.

Pero apareció el VIH, el SIDA que marcaría negativamente la imagen de Haití. Ya no solo sería el país de las "cuatro haches", como lo denominaban las autoridades sanitarias americanas: Homosexuales, Hemofílicos, Heroinómanos y Haitianos. Ahora, al conocerse e identificarse el virus del SIDA, todas o casi todas las culpas de la propagación de la enfermedad recayeron en Haití. Como siempre, lo fácil es culpar a los más pobres; a los que nadie pregunta por la razón de su contagio, al presuponer que ellos son el origen del mal. Pocos se molestan en pensar que el origen no siempre es culpa achacable a personas carentes de medios y sobrados de ignorancia y falta de información. Nadie se molesta en pensar quién o quienes les han podido contagiar a ellos.

Y un gobierno como el haitiano en un país tan pequeño y falto de medios, cargado con siete millones de habitantes y con un producto nacional bruto de 1.200 millones de dólares, ni se planteaba enfocar el problema. Para ellos, la merma poblacional a causa del SIDA, era un filtro natural del que solo salían los más fuertes.

-¿Hay mucho de eso que llaman VIH en Haití?...

-¿Eh? ¡Qué va!, es cosa de depravados, viciosos y maricones. No debe preocuparse por eso señor Domínguez - solían decir los mandamases de Haití.

Pero a partir de la cuasi epidemia, el turismo empezó a mermar. Los tour operadores ya no solían incluir a Haití en sus ofertas. Aunque algunos turistas aparecían por error, como una pareja de españoles recién casados (Nieves y Manolo, creo recordar que así se llamaban), que aún están esperando a que les pusieran los collares de flores de bienvenida, tal vez pensando en Taití con Marlon Brando en "Rebelión a bordo".

-Aquí no hay esa costumbre, ¿verdad?- me preguntaron al día siguiente de aparecer por el hotel, completamente despistados con la tontuna propia de la luna de miel y después de saber que yo era español.

-Pues no, eso es en Tahití. Pero aquí también tenéis unas playas increíbles...

Y el descrédito se empezó a consumar. Y lo que antes era pobre pero exótico, pintoresco y folclórico, ahora era deprimente, sucio, insano y peligroso. Y solo algunos/as viciosos/as impenitentes, continuaban con sus hábitos sexuales, trayendo y exportando el virus a todas partes. Las autoridades y los industriales hoteleros se dieron cuenta y empezaron a preocuparse cuando sus ingresos disminuyeron.

El trío del hotel El Rancho, cada vez actuaba para menos gente; sin que siquiera la estrofa que habla de lo bueno que es Haití: *Gen bon solèy bon rivyè e bon brevaj* (hay un buen sol, buenos ríos, buenas bebidas), sirviese como atracción para visitar su querido país. También el guitarrista había dejado de echarse el colirio, tal vez por falta de existencias.

Porque el daño ya estaba hecho y las consecuencias no las curaría ni la mejor magia negra de un *bokor* vudú. Aunque la mayoría del pueblo solo creyese que eran los únicos capaces de conseguirlo; de hecho a ellos recurrían, y quién sabe si con razón.

Pronto el rumor se convertiría en otro pie estrangulador de la asfixiada economía de un pueblo merecedor de mejor suerte.

XXXI

Ese mismo domingo, día 3 de agosto de 1980 por la tarde, a poco de dejar la casa de Christophe, el cielo tenía un aspecto amenazante, denso, espeso y, si se me permite, bello. Los haitianos estaban inquietos. Los perros callejeros y las gallinas que transitaban libremente por la calles también lo estaban. Grandes nubes que yo bien identificaba como cumulonimbus, se acercaban por el sudeste.

- ¡Oh! Monsieur Domínguez, creo que no debe demorar su marcha para el hotel. El tiempo se está poniendo muy malo. – me había dicho al despedirnos.

Puse la radio. Hablaba de tormenta y fuertes lluvias. Al llegar al hotel, ya llovía abundantemente. La tele aún no decía nada.

El huracán que entraría por el sureste de Haití, se había ido gestando poco a poco, en forma de onda tropical que se alejaba de la costa africana próxima a Cabo Verde. Ironías de la vida, aquel huracán, bautizado como "Allen", y que iba a ser uno de los más destructivos de cuantos se conocían, tenía su origen en las mismas costas africanas de donde habían sido traídos como esclavos, tantos y tantos miles de negros que eran los ascendientes de la población mayoritaria de Haití.

El "Allen" se trasladaba hacia el oeste a una gran velocidad. Pasó al sur de Santa Lucía sin aproximarse a Trinidad, ya convertido en huracán.

En la mañana del 4 de agosto, recibí la llamada de la señorita Malebranch, informándome que esa misma noche entraría en

144

Haití. Las alertas empezaron a aparecer en la radio y en la televisión haitiana. El devastador huracán afectaría al sur de Haití desde esa noche hasta la mañana del miércoles 6 de agosto.

Yo había cometido una imprudencia. El lunes día 4, después de recibir la llamada de mi secretaria, parecía que el tiempo se había estabilizado. Cogí mi Subaru y me acerque a la oficina. Al salir, me decidí a comer en el restaurante PT Louvre, en la conocida como Main Street o J.J. Dessalines. Subí los cinco escalones que separaban al restaurante de la calle y me senté a comer. No había casi nadie. De pronto empezó a llover. Bueno, aquello no era llover: eran como cubos de agua que caían del cielo uno tras otro. Un camarero me dijo que mi coche no estaba bien allí… No le presté demasiada atención hasta que un río de agua, lodo y todo tipo de basuras, animales muertos y alguno aún con vida, empezaba a amenazar la integridad de mi coche. Bajé corriendo. Me mojé hasta las rodillas y logré abrir una puerta y recuperar dos carpetas con documentos. A duras penas alcancé las escaleras del restaurante y me puse a salvo. El Subaru apareció completamente lleno de barro, unos cien metros más abajo en dirección al mar. No se pudo rescatar hasta el jueves siguiente.

Los destrozos ocasionados a las localidades haitianas de Belle-Anse, Marigot, Jacmel y hasta Jeremie, durante el martes y miércoles siguientes, fueron enormes. Las torrenciales lluvias provocaron inundaciones que aislaron pueblos enteros. Tampoco Port au Prince se libró del desastre. De los 271 muertos en el Caribe a consecuencia del "Allen", 220 se produjeron en Haití.

A mi amigo Christophe y a otros vecinos de su aldea, la fuerza del viento y las fuertes inundaciones que corrían cual torrentes hacia el mar, les barrieron todo lo que poseían: casa con sus mínimos muebles, utensilios, aperos y todo cuanto tenían excepto lo puesto. De los animales tan solo se salvó su pequeño perro. A duras penas pudieron salvar sus vidas. Me contaba Christophe que su hijo pequeño, gracias a su agilidad, se salvó subiéndose a un arqueado cocotero hasta que pasó la riada. Su hijo mayor había subido con él al hotel a Pétionville. Como cada día, habían salido de casa a las cinco de la mañana para recorrer a pie los 14 kilómetros que separaban su aldea del hotel. Su mujer, que había intentado salvar algún objeto de su casa, tuvo que dejarlo todo y a punto estuvo de costarle la vida de no ser por un flamboyán que estaba en un pequeño altozano y al que se agarró con todas sus fuerzas durante más de una hora. Afortunadamente su aldea estaba en una pequeña ladera y el agua no tardó en desaparecer, aunque arrastrando la poca tierra fértil que quedaba por causa de la desforestación. En Pétionville los daños fueron menores. Los desastres suelen afectar a las viviendas de las clases más humildes. Todo lo débil desaparece de la vida, tal como diría la prosa poética de Juan Ramón.

Los haitianos, profundamente religiosos, se encomendaron a Dios y a sus propios otros dioses. El rechazo social contra la corruptela del poder y la miseria, quedaban para más tarde. Lo primero era lo primero: Había que enterrar aquellos centenares de muertos y empezar a recomponer sus vidas.

La ayuda extranjera en forma de alimentos, así como llegó así pasó a manos de los estraperlistas que los vendían a precios imposibles para los más humildes, a quienes lógicamente iban destinados.

XXXII

El jueves día 14 de agosto, cuando con los pobres medios propios y la escasa ayuda de algunos países del entorno (muchos de ellos también se habían visto afectados por el Allen), se habían afanado en limpiar y reparar los efectos más notorios del huracán en las principales ciudades, pero sobre todo en la capital, apareció en mi despacho del edificio de la Administration Portuaire el ministro señor Berrouet; a la sazón todavía ministro de agricultura y que cuatro meses más tarde, como ya se comentaba y presuponía, pasaría a ser poderoso Ministre d'Intérieur et de la Défense Nationale.

-Esto es Haití, señor Domínguez – me dijo, francamente conmovido ante la enorme desgracia por la que había pasado el país y que todavía padecía la mayoría de los habitantes del sur de Haití.

Y yo, que estaba muy afectado y contagiado por la tristeza ocasionada por la tremenda pérdida de vidas y viviendas de las clases más humildes, después de abrazar cordialmente al ministro, no consideré oportuno presentarle el escrito con mi renuncia al cargo de Directeur Génerale de SPIDHA hasta la semana siguiente; aun cuando ya anteriormente le había comentado que estaba considerando tal posibilidad.

Hablamos de aquella desgracia y, sin tapujos, comparábamos la situación de la mayoría de los haitianos con la opulencia de algunos y la injusticia social. En aquellos días, el señor Berrouet no estaba de acuerdo con nada ni con nadie. Habló de la primera dama con amargura y del President a Vie con pena, mientras sacudía su cabeza.

-¡Oh, señor Domínguez! No creo que yo llegue a ver la prosperidad de Haití…

Y, ante aquel hombre que parecía moralmente hundido, por primera vez me atreví a manifestar lo que yo llevaba dentro desde hacía algunos meses:

-Es imprescindible un cambio, señor Berrouet. Si los países llamados a ayudar a Haití no lo hacen escudándose en la carencia de democracia, habrá que hacer algo, digo yo y … discúlpeme.

El ministro me miró, dejó transcurrir unos segundos y, sin apartar la vista de mis ojos, me dijo:

-¿Cree usted que es una cuestión de democracia señor Domínguez? Mucho me temo que aun teniendo otro sistema, las cosas no cambiarían. ¿Aceptarían los americanos un gobierno socialista en Haití? Tenga por seguro que no. Y entonces, ¿qué clase de democracia sería la nuestra? Ya ve: volveríamos al sistema que tenemos, ¿no le parece?

El señor Berrouet, como hombre inteligente que era, estoy seguro que mi simple sugerencia la habría considerado más de una vez. Pero yo me atreví a insistir:

-Pues entonces, habrá que ponerle freno a los desmanes de algunos. No puede ser que la mayoría de los haitianos estén considerados como los más pobres del mundo…

-Usted es muy joven señor Domínguez. Yo también lo fui y en esa etapa, ¡hasta he llegado a ser seguidor del revolucionario Zhou Enlai! Pero he aprendido a tener paciencia.

-¿Chu Enlai?, bueno… no me dirá que defiende a Mao …

El señor Berrouet hizo una mueca a modo de triste sonrisa y dijo:

-No, señor Domínguez, Zhou Enlai era un hombre moderado, aunque siempre haya sido fiel a Mao. Por eso tal vez su imagen no esté muy lejos de mi espejo…- Y después de una pausa, con el gesto serio, continuó: "Incurrir en el pecado del silencio cuando se debiera protestar, hace cómplices y cobardes a los hombres". Eso lo dijo Zhou Enlai… Algún día, algún día…

¿Estaría el ministro pensando en su pasada fidelidad hacia Papa Doc? Sí, eso creo. Y también me dio la impresión de que pensaba que ya había hablado más de lo debido y como queriendo sobreponerse a su locuacidad y abandono, volvió a recuperar la vitalidad que le había aupado y le seguiría aupando a la más alta representación y responsabilidad, y me dijo:

-No se vaya señor Domínguez. Me gustaría que usted dirigiera un proyecto que tengo in mente: Una gran granja de pollos. Haití es deficitario de pollos y consume muchísimos. Yo podría garantizarle el consumo exclusivo para todo Haití… ¿A usted le gusta Haití, verdad? - y el ministro continuaba - ¡Por cierto! He leído su *Étude pour le développement de la pêche artisanale en Haiti* y quisiera agradecérselo y felicitarle por el trabajo realizado.

Claro que me había dado cuenta de que el señor Berrouet me había tomado cariño y que intentaba retenerme en Haití. Pero yo consideraba que mi ciclo allí había terminado. Tampoco me sorprendía el enfoque que el ministro quería darle a su negocio. Ventajas y exclusivas formaban parte de la vida de los poderosos de Haití, y ni ellos mismos, siquiera el señor Berrouet, eran capaces de considerar injustas tales prebendas. Era un hombre fanatizado y seguidor ciego de la doctrina de Papa Doc. Y para él, para ellos, el fin justificaba los medios, aunque estos fuesen tan crueles como los practicados en Fort Dimanche que yo no acababa de apartar de mi mente.

Una vez más no me atrevía a hablarle de la barbarie de la represión haitiana. No sé si por cobardía o porque mi ciclo en su país tocaba a su fin, opté por ser amable con una persona que pareciera estar padeciendo la triste derrota de una ilusión.

-Me gusta mucho la gente de Haití señor Berrouet. Tienen ustedes un país maravilloso lleno de posibilidades…Le agradezco muchísimo su confianza, señor Berrouet, pero mi vida está en España. Yo también estoy demasiado apegado a mi tierra ¿sabe?

Nos dimos la mano con afecto y desde entonces no nos hemos vuelto a ver. Cuando yo marché de Haití, el ministro Berrouet se encontraba participando en unas jornadas agrarias en Perú.

Así estaba Haití cuando yo lo dejé. Yo diría que había ido a peor de como lo había encontrado a mediados de 1979. Y así seguiría si alguien no lo remediaba. Sin capacidad organizativa alguna, más allá de su organización militar (únicamente pensada para contrarrestar una insurrección), no estaban preparados para afrontar un desastre y menos un desastre de tal magnitud. Y ante la falta de ayuda, después de enterrar a sus muertos, cada cual trataba de sobrevivir para luego solucionar su problema particular como pudiese.

La primera dama, por su parte, no tardó en organizar diferentes funciones sociales a beneficio de los pobres afectados por el horror de aquel huracán. El espectáculo de tales funciones era un insulto ante las necesidades vitales de la población. Es verdad que visitó a heridos y enfermos en los pobres hospitales. Pero Michelle era una mujer incapaz de prescindir de su lujo, boato y vanidad. Más que ayuda sincera, a la señora Bennett se le notaba que buscaba el reconocimiento de los haitianos pensando en su propio interés.

Jamás logró tal reconocimiento y, con su actitud, contribuyó a que su esposo fuese aún más odiado por la mayoría del pueblo.

XXXIII

En cuanto a mí, la decisión de marcharme estaba tomada firmemente. CIEISA había aceptado mi dimisión con cierto alivio. Ellos me habían contratado para el cargo de Director General de la empresa mixta, y yo, aunque no siempre lo consiguiese, intenté actuar como tal y no como un brazo de sus intereses unilaterales.

Pero la vida sigue y, mientras preparaba las cosas para mi relevo, quería empaparme y llenar mi ánimo de recuerdos de Haití. Aún me quedaban unos días más para gravar en mi mente la estrofa de Ayiti Cherí (así es como su nombre figura en creole) que se me resistía y les hice repetir una y otra vez a aquellos entrañables músicos de los que nunca supe su nombre; lo siento. Mis pequeñas hijas les llamaban "Los mejicanitos". Pero si les sirve de consuelo, donde quiera que estén, que sepan que aún hoy permanece en mi recuerdo la estrofa que dice así:

Fók mwen te manke w pou m te kap apresye w: Tenía que echarte de menos para poder apreciarte.

Y es verdad. Por encima de tanta y tanta miseria, a mi mente solo aflora la belleza del país, el cariño y la dignidad de un pueblo al que echo de menos y siempre apreciaré.

Hace pocos días, ¡tantos años después!, escuché la versión de Haïti Chérie cantada en inglés por Harry Belafonte, y no pude dejar de pensar en aquellos tres músicos del hotel "El Rancho", tan buenos intérpretes y tan dignas personas, que interpretaban su canción favorita con el alma, más allá de sus precarios instrumentos y cascadas voces.

También pienso, como no, en el ministro señor Berrouet quién, a pesar de sus graves errores de su etapa como "*dinosaure*" soporte de Papa Doc y de su deriva en la búsqueda de soluciones, era un verdadero enamorado de Haití y de su pueblo. Años más tarde, sería reconocido por muchos como uno de los inductores del cambio político de Haití. Quizás no quiso mantener por más tiempo un cómplice silencio.

La saga Duvalier seguiría unos años más, hasta que una nueva generación de haitianos decidió rebelarse: preferían perder la vida antes de vivir eternamente en sumisión. Que logren el objetivo de libertad, justicia social y prosperidad, será una cuestión de acertar en la elección democrática; pero ya no dependerá, como antaño, de las decisiones de un dictador y su camarilla. Ojalá que un pueblo como el haitiano, orgulloso y lleno de historia, algún día alcance la prosperidad y bienestar que se merece; y que esos cuellos de noble raza, rectos y erguidos, nunca más soporten la opresión de pie alguno, aunque para ello tengan que blandir de nuevo la "Espada Libertadora" que Pétion le prestó a Bolívar para lograr la independencia.

Y a las malas personas que contribuyeron a sojuzgar a un pueblo, manteniéndolo en la miseria, haciéndole creer que así era por designio divino - pues siempre hubo ricos y pobres- que el mal espíritu vudú de *Bacalou* se apodere de ellos, al menos mientras dure la pobreza de los haitianos.

Y con respecto a las buenas personas con las que el destino quiso que me encontrase durante mi periplo haitiano, si es que han muerto, dado el tiempo transcurrido, espero que todos ellos hayan alcanzado su "*Guinin*". Y los que todavía vivan y tengan fuerzas para ello, que no se olviden del orgullo de haber nacido en un país que, en sus comienzos, fue ejemplo para el mundo negro. Y, por último, a quienes de una manera u otra hayamos perjudicado al sufrido y heroico pueblo haitiano, que su *"Grand Maître"*, el dios *"Bondye"*, nos perdone.

FIN

Sobre el autor

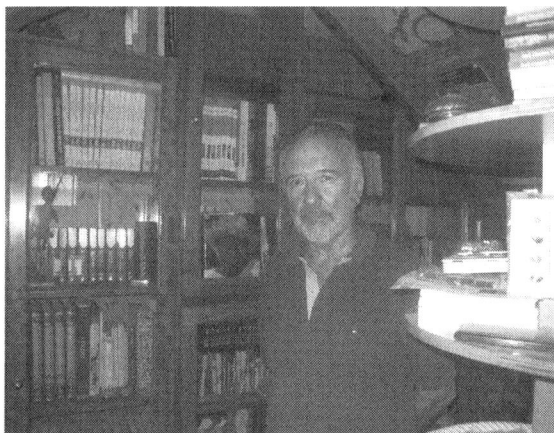

José Vicente Domínguez Martínez no habla de oído; lo hace a través de sus vivencias personales, que afloran de modo natural, lo cual imprime a sus obras una frescura nacida de un conocimiento profundo. Más que un testigo neutral, es partícipe de la realidad que se manifiesta en sus libros, por más difícil e injusta que ésta pueda ser.

.

19606488R00099

Printed in Great Britain
by Amazon